CENTRO COMUNITARIO DE INFORMACIÓN

COMPUTACIÓN PARA PADRES

MANUAL PARA LA CLASE

Víctor Almazán
Redactor y compilador

El **Centro Comunitario de Información** fue fundado en el 2009 con el propósito de incentivar a los padres de habla hispana que viven en Estados Unidos a involucrarse en la educación de sus hijos.

Víctor Almazán es un egresado de la Universidad Autónoma Metropolitana en México, DF., y ha trabajado por más de dos décadas como organizador, agricultor y maestro. Almazán es co-fundador y coordinador del Centro Comunitario de Información.

CONTENIDO

COMPUTACIÓN PARA PADRES

I. INTRODUCCIÓN

Este curso esta dirigido a adultos que no tienen ningún conocimiento en computación, dando prioridad a padres de familia con hijos en algún nivel escolar.

Tiene la finalidad de promover la participación de los padres en la educación de sus hijos a través del uso de la computadora.

Al finalizar este curso, los padres sabrán:
- Buscar información en Internet para acompañar a sus hijos haciendo la tarea.
- Elaborar documentos usando Microsoft Word.
- Elaborar presentaciones en PowerPoint.
- Tendrán una dirección de correo electrónica que les permitirá comunicarse con otros padres y familiares.
- Participarán en blogs discutiendo asuntos escolares.
- Participarán en alguna red social con la finalidad de estar en comunicación con otros padres de familia.

II. EMPEZANDO

1. PARTES DE LA COMPUTADORA

La computadora consta principalmente de las siguientes partes:

a. Monitor o pantalla
b. CPU (Unidad Central de Procesamiento)
c. Teclado
d. Ratón (mouse)

a. Monitor o pantalla

Es similar a la pantalla de una televisión, su tamaño varia de 9 a 17 pulgadas y es donde vemos la información que contiene la computadora.

b. CPU (Unidad Central de Procesamiento)

Es el cerebro de la computadora. Contiene los programas e información que hace posible su funcionamiento. Es donde esta almacenada la "memoria".

c. Teclado

Es similar a las teclas de una maquina de escribir. Nos permite ingresar información a la computadora y ejecutar acciones. Consta de teclas con el alfabeto, teclas con números, teclas de función y teclas de control.

d. Ratón (mouse)

Pequeño instrumento que extiende las funciones de nuestra mano y las lleva a la pantalla bajo forma de un CURSOR. Esto nos permite ejecutar acciones y dictar instrucciones a la computadora. Funciona presionando las secciones que tiene en ambos lados, a esa acción le llamamos "hacer click" por el peculiar sonido que produce.

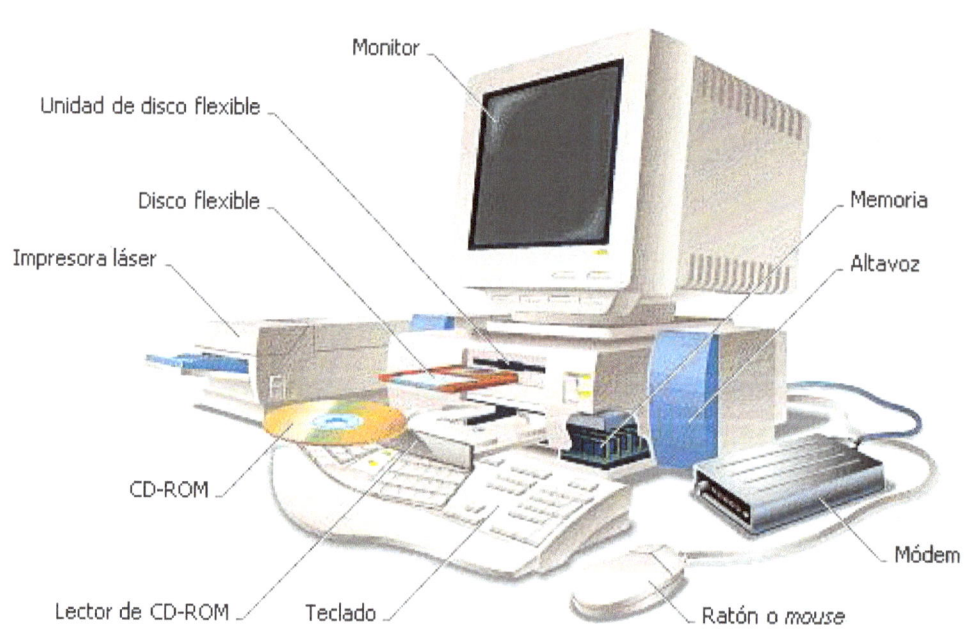

1.2 COMO ENCENDER Y APAGAR LA COMPUTADORA

Para usar una computadora, lo primero que hay que hacer es encenderla. Lo mismo con el monitor.

Para prender o iniciar la computadora solo hay que presionar el botón de ENCENDIDO en el CPU, que tiene este símbolo:

Para apagarla, no se presiona el mismo botón, sino que se "cierran" todos los programas.

a. Click en START con el ratón
b. Click en TURN OFF COMPUTER
c. Click en TURN OFF o SHUT DOWN

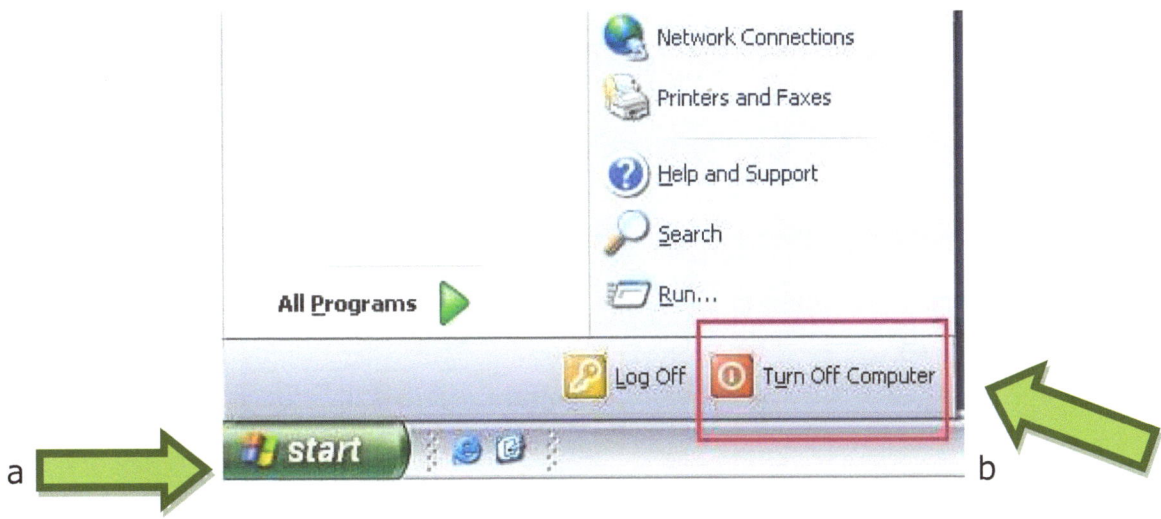

Si se hace click en STAND BY o HIBERNATE la computadora no se apaga, solo se "duerme", permanece en estado latente.

Si se hace click en RESTART, la computadora se apagara, pero volverá a prenderse, reiniciará.

1.3 EL ESCRITORIO (DESKTOP)

Al estar la computadora funcionando, se le da el nombre de Escritorio al área total de la pantalla. En ella podemos visualizar los elementos y programas que contiene la computadora.

Los principales elementos presentes en el Escritorio son:

- ICONOS, pequeñas representaciones graficas de documentos y programas.

- CURSOR, elemento generalmente en forma de flecha que nos sirve para accionar programas, abrir documentos y operar comandos. Puede cambiar de forma según la función que realice.

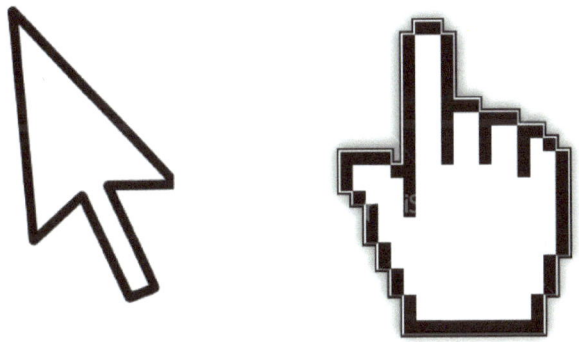

- BARRA DE TAREAS, barra en el fondo con varios elementos.

- – A la izquierda, el menú INICIO (START).
- – a la derecha, reloj, sonido e identificación de si la computadora esta conectada a Internet, entre otras indicaciones.

La Barra de Tareas nos permite colocar en ella iconos de programas para tener un fácil acceso a ellos. Y nos permite tener varias "ventanas" abiertas.

- Bandeja de reciclaje, elemento que nos permite "borrar" o eliminar objetos o documentos.

Para borrar un objeto o archivo basta con tenerlo en el Escritorio, hacer click en el y sin soltar el ratón, arrastrarlo a la Bandeja de Reciclaje.

1.3.1   Menú INICIO (START)

Al hacer click en el menú INICIO (START) se abrirá esta ventana

Nombre del usuario o dueño de la computadora.

Programas y aplicaciones

Programas que se han usado recientemente

Menú Todos los Programas

Terminar sesión y apagar

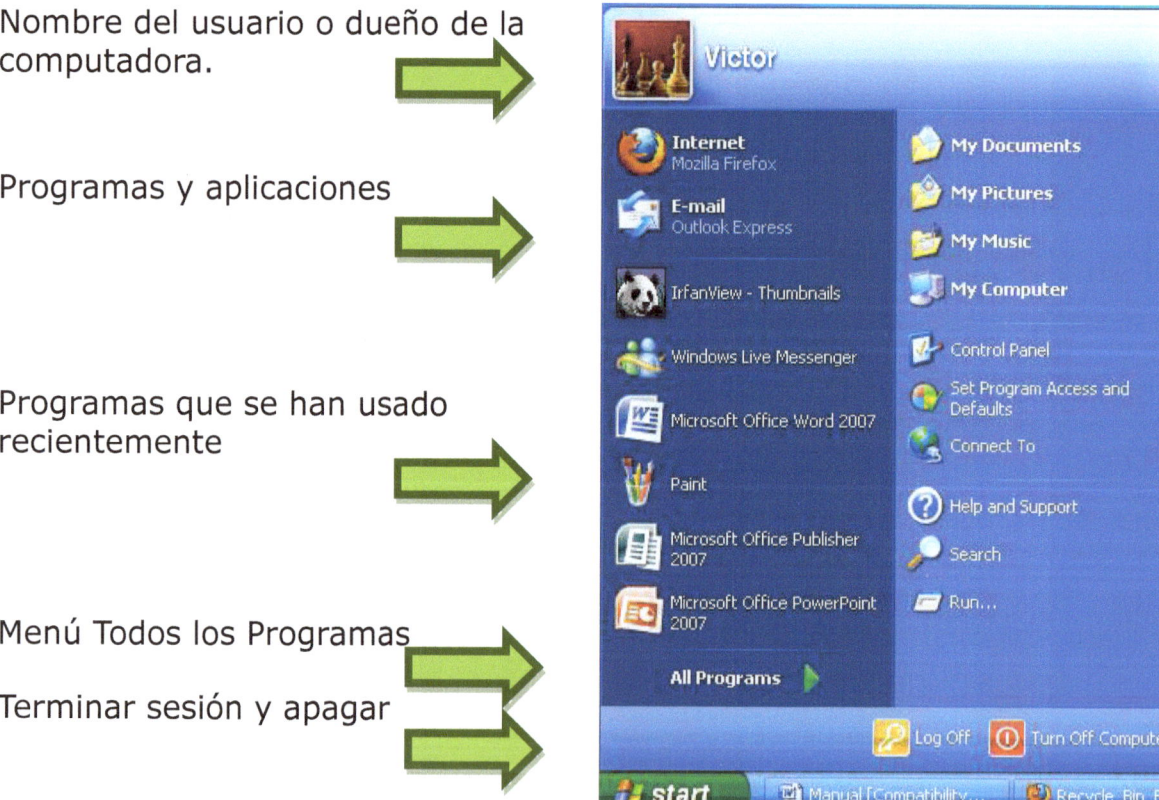

Del lado derecho estarán algunos FOLDERS, elementos para almacenar o guardar documentos e información.

- Mis documentos
- Mis fotos
- Mis fotos
- Mi música

- Mi computadora

Nos permite tener acceso al disco duro de la computadora (memoria) y a los mecanismos de entrada y salida de información: CD Drive y memorias externas.

- Panel de Control

Parte del escritorio que nos permite agregar o quitar programas, cuentas de usuario, modificar las características de la pantalla, configurar el acceso a Internet, entre otras funciones.

- Mecanismos de búsqueda, ayuda y uno que nos permite abrir programas, documentos o paginas de Internet.

- Todos los Programas, parte que nos despliega un Menú con todos los programas instalados en la computadora.

1.3.2   Las "Ventanas"

La mayoría de elementos de la computadora se muestran a través de "ventanas", ya sea el despliegue de información o la transmisión de órdenes.

Cada ventana muestra el contenido del elemento que "abrimos", barras de funciones, de navegación, barra de título y a la derecha, pequeños cuadritos, herramientas de manejo.

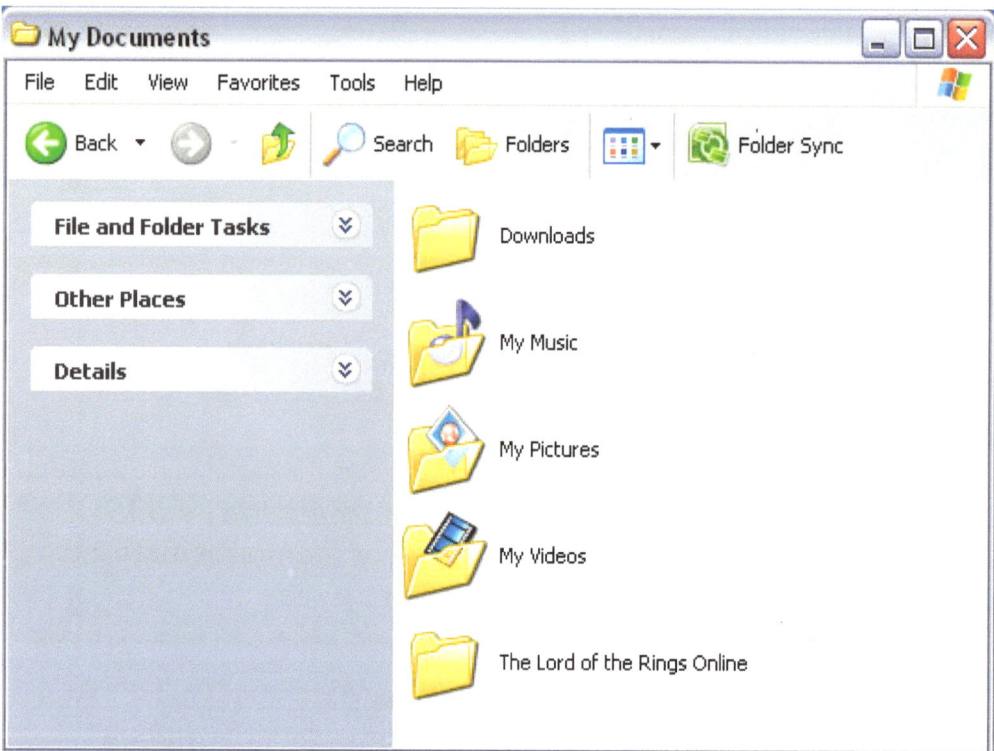

Coloca la ventana en la Barra de Tareas

Minimiza o maximiza la ventana

Cierra la ventana

III. TRABAJANDO CON PROGRAMAS

2. INTERNET

2.1 ¿Qué es Internet?

Internet es una red mundial, muy amplia, de computadoras que pueden comunicarse unas con otras.

Esta comunicación se realiza a través de páginas web o de Internet. Una página web es un documento adaptado para Internet. Generalmente forma parte de un "sitio web", o sea un conjunto de paginas web similares

La pagina de Internet esta constituida por texto, fotos e incluso videos o elementos interactivos (multimedia) y Enlaces a otras páginas.

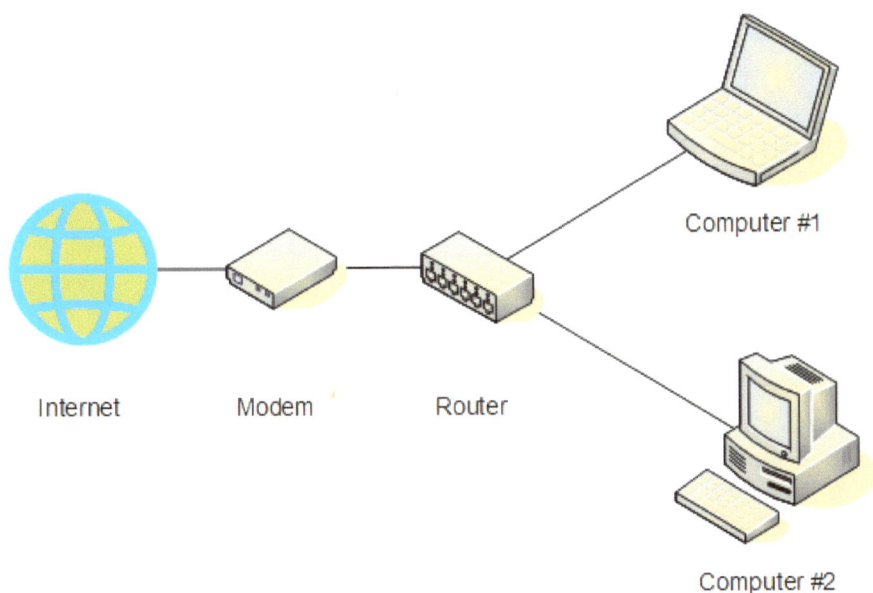

2.2 Los Navegadores (Browsers)

Para tener acceso a una página de Internet se usan programas conocidos como NAVEGADORES. Hay varios navegadores:

- Internet Explorer
- Mozilla Firefox
- Google Chrome
- Safari, entre otros

Para abrir una página de Internet, basta hacer click o doble-click en el icono de alguno de estos navegadores.

2.3 Las Páginas web

Internet funciona a base de "páginas web" o página de Internet. Es donde la persona, organización o institución coloca la información que quiere dar a conocer. La primera página que se muestra al abrir un navegador es la PAGINA PRINCIPAL (HOMEPAGE).

2.3.1 Elementos de las páginas web

Las páginas de Internet tienen los mismos elementos de una ventana.

a. Barra de título y manejo

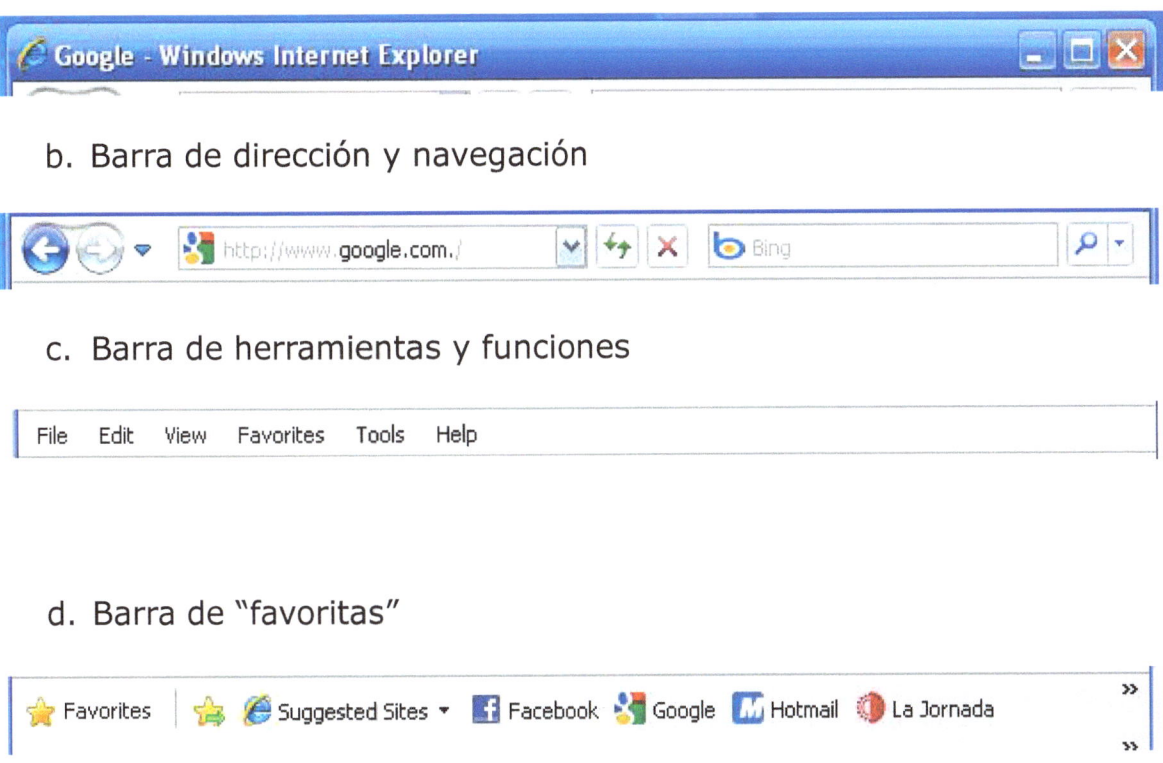

b. Barra de dirección y navegación

c. Barra de herramientas y funciones

d. Barra de "favoritas"

Cuando en la pantalla no podemos ver todo el contenido de una página, la ventana tendrá barras deslizables para desplegar el contenido.

Se hace click en la barra, sin soltar, y se desliza hacia los lados.

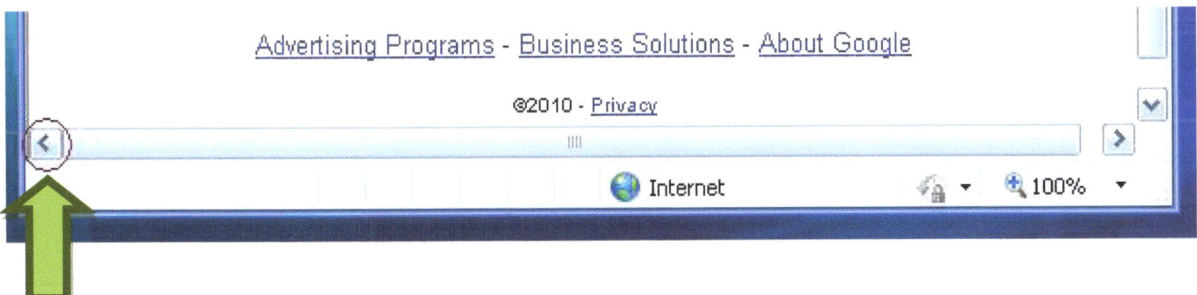

Otra forma de deslizar la barra es haciendo click en la pequeña flecha negra localizada en los extremos.

2.3.2 Dirección de una página de Internet

Las direcciones de las páginas de Internet, conocidas también como URL, constan principalmente de 3 elementos:

www . google . com

1. Iniciales de World Wide Web, Red Global Mundial, sistema de documentos en Internet.

2. Nombre de la página, también conocido como "dominio".

3. Extensión, com significa 'comercial". Puede ser:
   - gov, de gobierno
   - edu, educativo
   - org, organización

Cuando la dirección de una página se activa con el cursor (se convierte en manita) y nos remite a la información que contiene se llama ENLACE o VÍNCULO (LINK).

Michelle Obama, a su llegada a Ciudad de México. (AFP)

Primer viaje oficial en solitario

Michelle Obama llega a México en "reconocimiento de profundos lazos que unen a EE UU con este país"

- La guerra al 'narco' causa 22.700 muertos en México

El enlace anterior nos lleva a esta página:

Michelle Obama llega a México en su primer viaje oficial en solitario

La visita de Obama es "un reconocimiento de los profundos lazos que unen a México y a EE UU" según la Embajada estadounidense

AGENCIAS - México - 14/04/2010

Vota ☆☆☆☆☆ | Resultado ★★★★✦ 13 votos

La primera dama de Estados Unidos, Michelle Obama, ha llegado a México en su primera visita oficial al extranjero en solitario entre niños que la aguardaban agitando banderas de ambos países en el aeropuerto de la capital mexicana. Obama ha bajado del <u>avión en el que ha viajado desde Puerto Príncipe (Haití)</u> y ha sido recibida por personal de protocolo y los embajadores de México y de Estados Unidos, Arturo Sarukhán, y Carlos Pascual. Con el viaje se pretende estrechar los lazos entre las dos naciones vecinas, embarcadas en un esfuerzo común por aumentar sus relaciones comerciales y luchar contra los violentos carteles de de la droga.

Michelle Obama saluda a unos niños a su llegada a Ciudad

2.4   BUSCANDO INFORMACIÓN

Hay dos maneras de ir a una página de Internet:

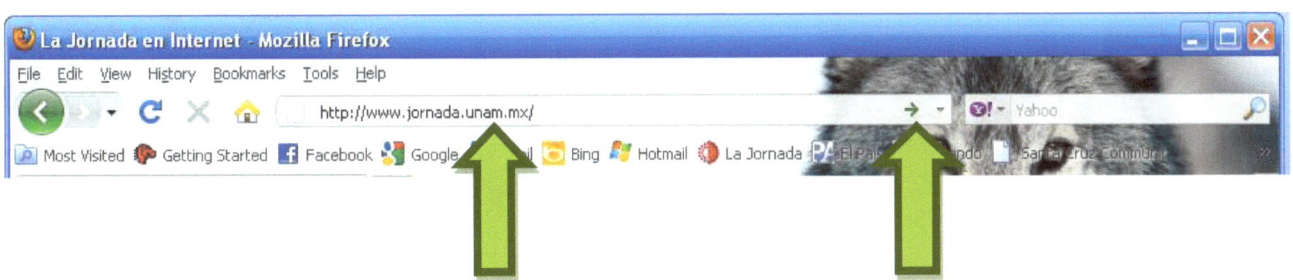

a. Escribiendo la dirección de la página en la Barra de Dirección

Y haciendo click en la flecha verde (Go) al final de la barra **ó** presionando la tecla **Enter** del teclado.

b. O buscándola a través de páginas especializadas llamadas BUSCADORES.

Hay varias de estas páginas:

Todas ellas tienen como elemento central una barra de búsqueda donde escribimos las palabras clave de la información que buscamos.

Luego hacemos click en el botón de BUSCAR (Search)

Los resultados aparecerán en una lista de ENLACES a páginas que contienen las palabras que escribimos en la Barra de Búsqueda.

Sólo tenemos que hacer click en los enlaces para abrir las páginas y ver si contienen la información que buscamos.

2.4.1 Opciones de búsqueda

En la mayoría de Páginas de Búsqueda tenemos las opciones de buscar información escrita en la red, imágenes, videos, noticias y otras...

2.5   FAVORITAS

Cuando hay páginas que usamos mucho, lo recomendable es tenerlas a la mano en la Barra de **Favoritas**. Eso nos ahorra escribir la dirección cada vez que queremos accesarlas.

    a. Estando en la página que se quiere marcar como "favorita"
    b. Click en "Favoritas" (Favorites)

    c. Click en Añadir a Favoritas (Add to Favorites)

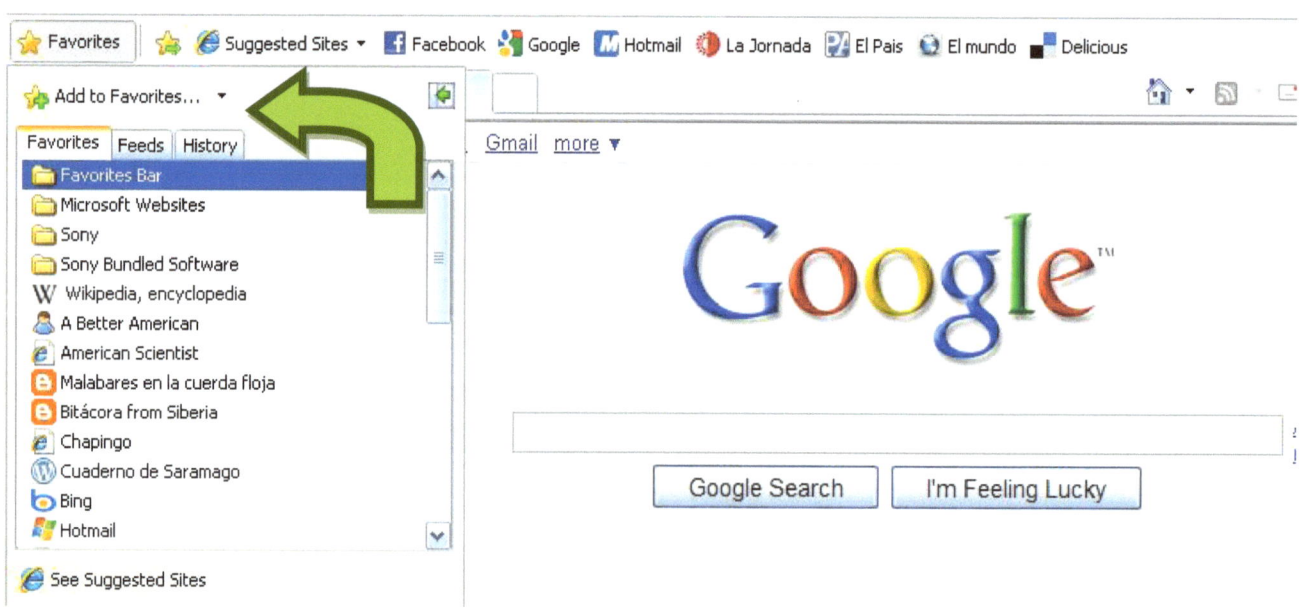

La página aparecerá en la lista de favoritas

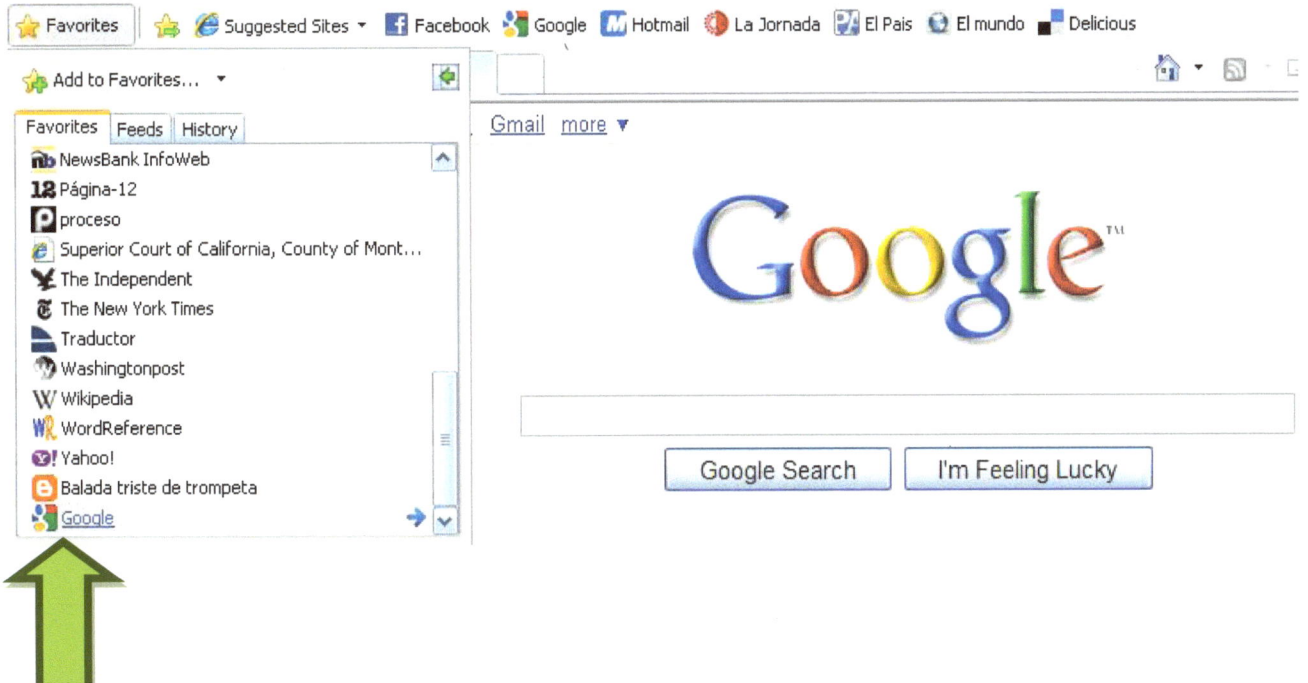

Después bastará abrir la carpeta de Favoritas para hacer click en el nombre de la página que queramos abrir.

⭐ **Explorer** usa la palabra **Favoritas**, otros Navegadores como **Firefox** usan la palabra **Bookmarks**, que es lo mismo.

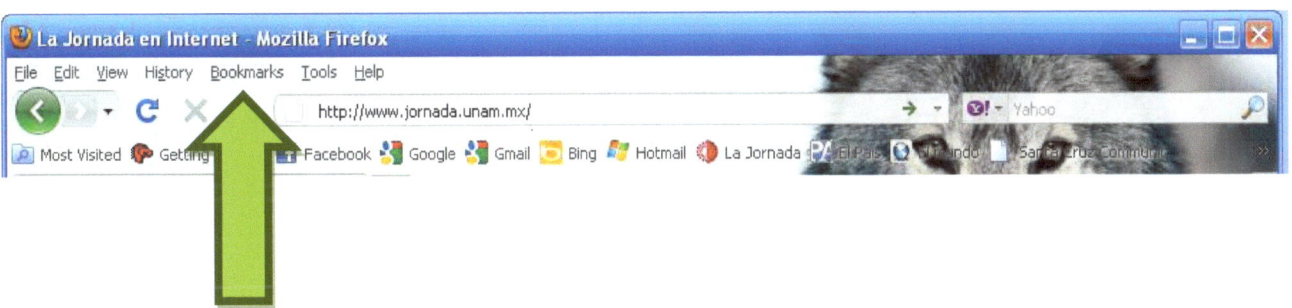

Se sigue el mismo procedimiento y también se tiene la opción de colocarla en la Barra de Favoritas.

3. COMPARTIENDO LAS FAVORITAS

Hay varias empresas y páginas de Internet que prestan el servicio gratuito de obtener una página personal donde guardar o "bookmark" páginas que nos interesen o contengan algún documento importante.

Guardarlas en estas páginas es diferente a guardarlas en FAVORITAS porque no las coloca en ninguna barra del navegador, sino en una página personal del usuario. Y las puede compartir en una "red social".

3.1 DELICIOUS

Una de estas páginas es Delicious. La usaremos como ejemplo por ser una de las más antiguas y usadas.

a. Abrir Delicious

Escribir en la Barra de Dirección

http://delicious.com

Y click en la flecha verde o presionar la tecla Enter

b. Click en el cuadro azul de Iniciar sesión (Sign In)

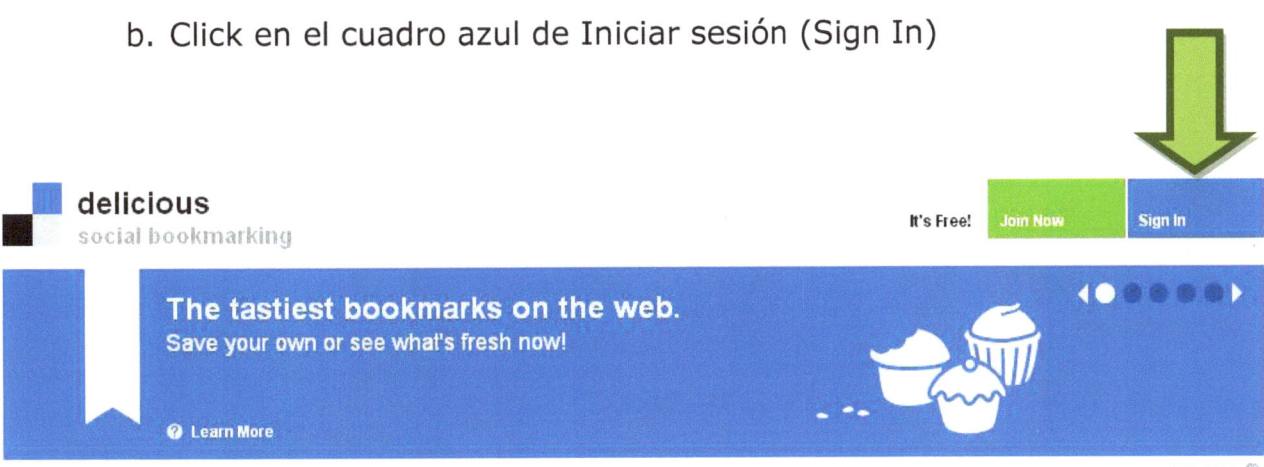

c. Nombre de usuario y clave

Necesitaremos un nombre de usuario y clave de Yahoo. Si no tiene, vea la parte de Abrir cuenta de Correo Electrónico en este Manual.

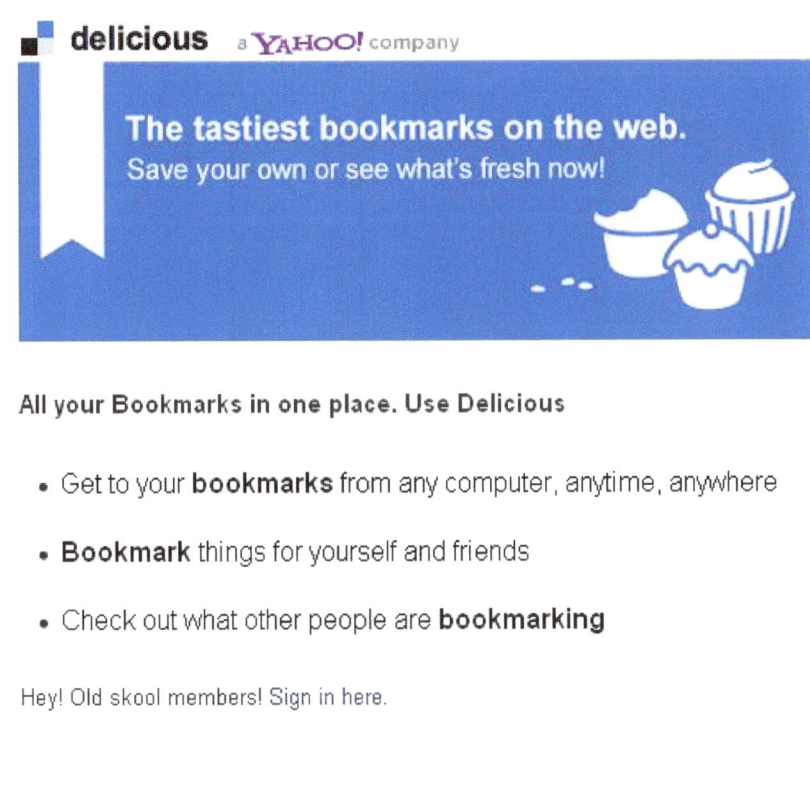

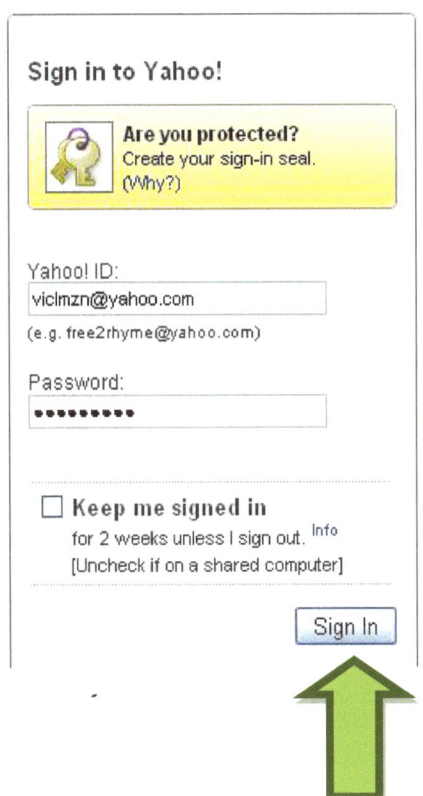

d. Después de escribir nuestra dirección de correo electrónico de Yahoo y la clave, click en el botón **Sign In** (Iniciar sesión).

3.2 GUARDAR UNA PÁGINA FAVORITA

Hay dos maneras de guardar una página de Internet o un artículo de un periódico que les haya gustado.

a. Click en Guardar una Nueva Favorita (Save a New Bookmark)

b. Copiar la dirección o ULR de la página que se quiere guardar. Para copiar, se hace click en el lado derecho del ratón y de hace click (con el lado izquierdo) en COPIAR (COPY).

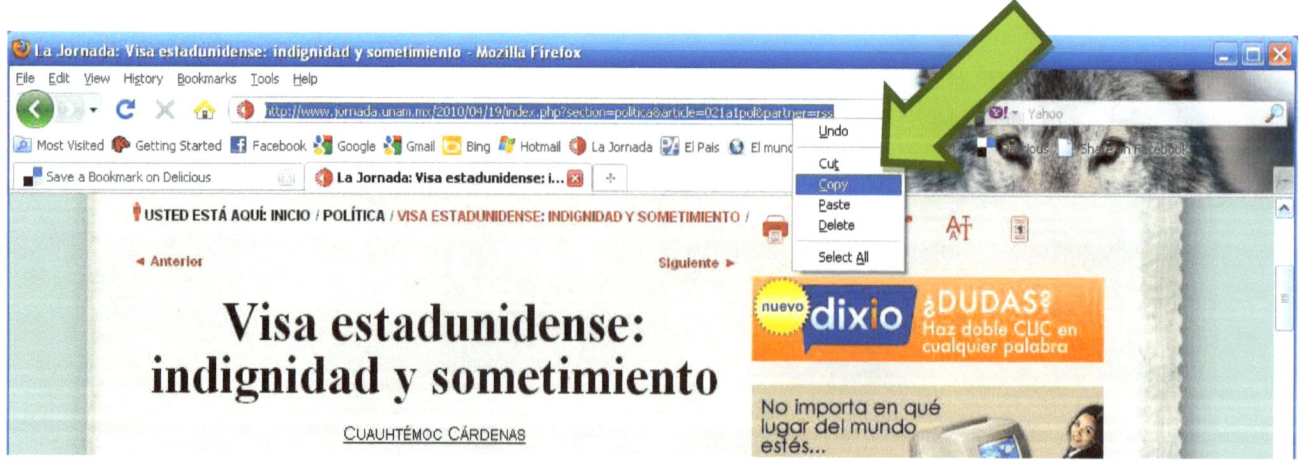

c. Pegar en la celda URL de Delicious. Click con el lado derecho del ratón y click en PEGAR (PASTE).

d. Click en SIGUIENTE (NEXT)

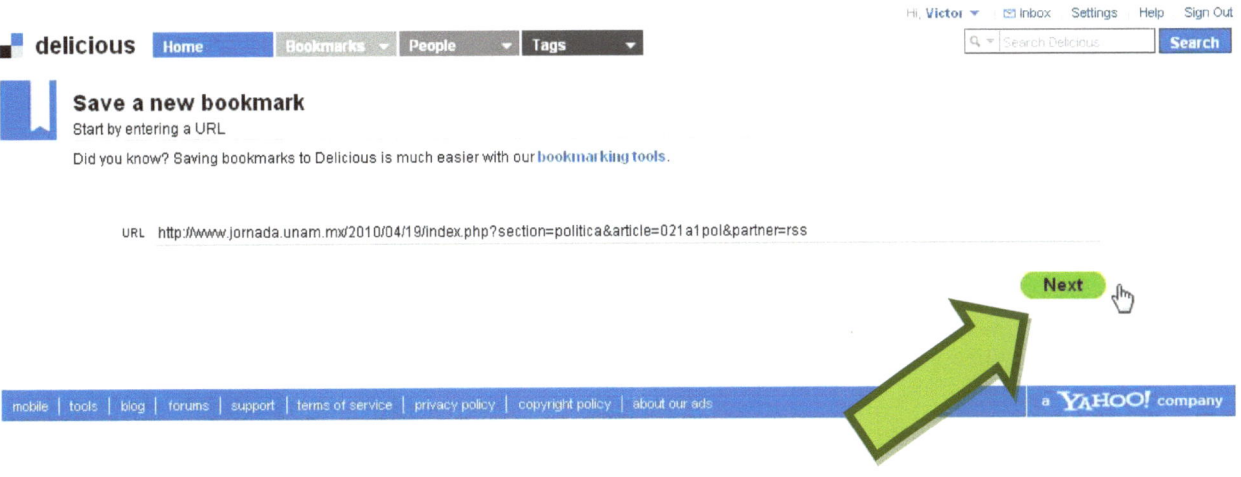

e. Anote nombre del artículo y una ETIQUETA (TAG).

Si se quiere, se pueden incluir notas en el recuadro especificado.

Save a new bookmark
Now add tags and notes

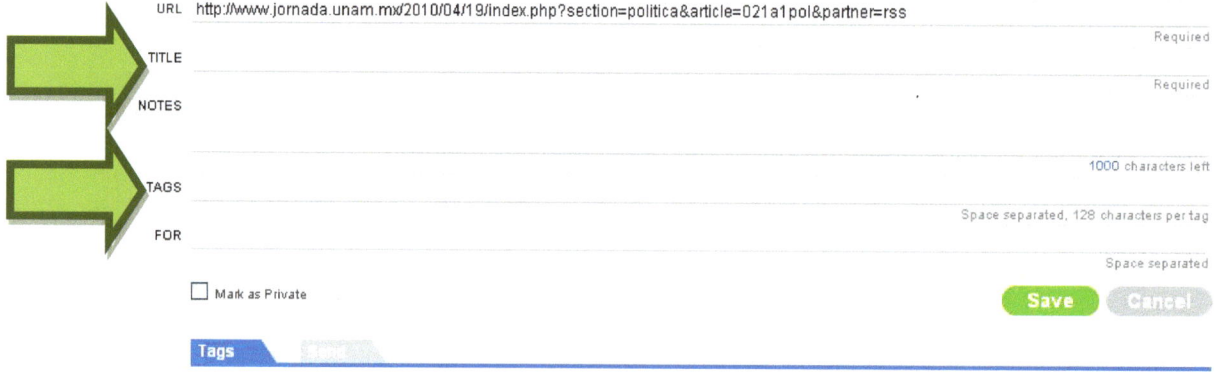

f. Click en GUARDAR (SAVE)

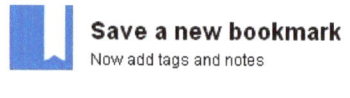

Save a new bookmark
Now add tags and notes

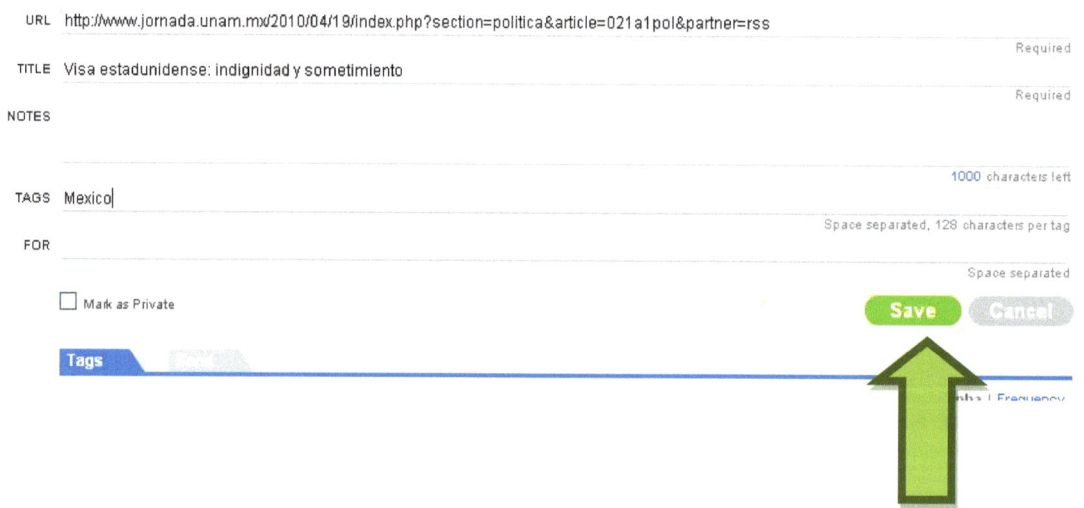

La página aparecerá en sus páginas favoritas (MY BOOKMARS)

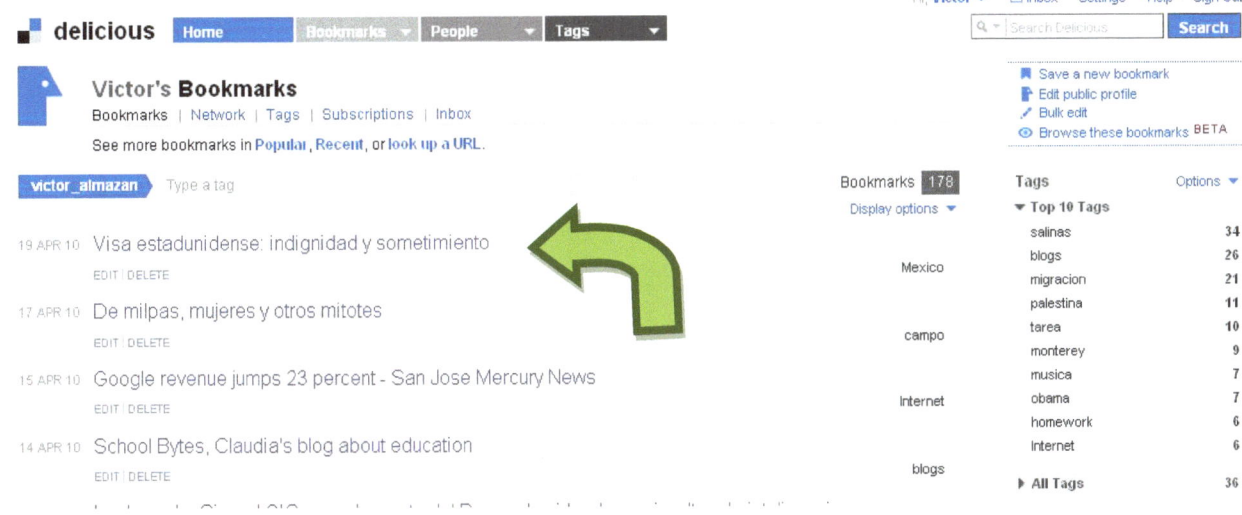

La otra forma, más sencilla, de ponerla en Delicious es cuando la misma página de Internet que queremos guardar proporciona este servicio.

Lo vemos al principio o final de la nota donde aparece la palabra **COMPARTIR**, **SHARE, BOOKMARK** o éste ícono.

a. Estando en la página que queremos guardar, click en **SHARE, BOOKMARK** o en el ícono verde

b. Click en el ícono de Delicious

Se abrirá la ventana de su página de Delicious ya con la dirección de la página y el título de la nota. Escriba una ETIQUETA (TAG).

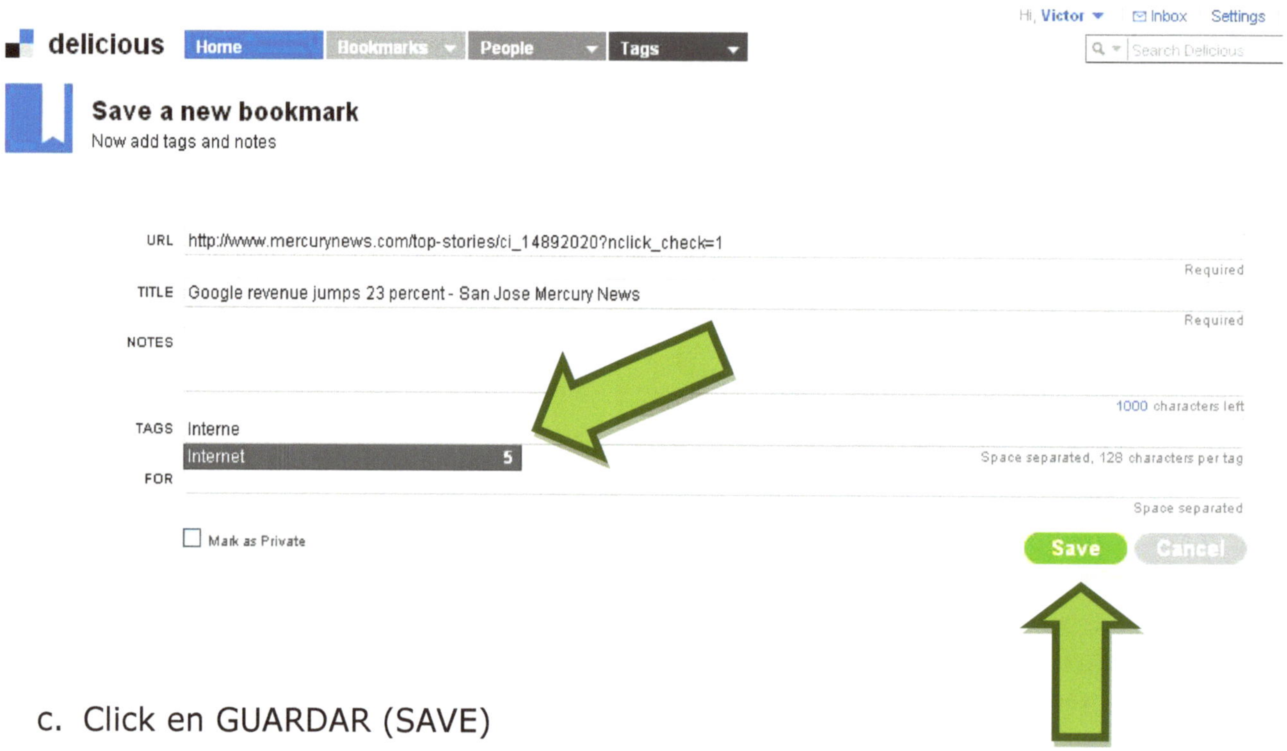

c. Click en GUARDAR (SAVE)

La página aparecerá en sus Favoritas (Bookmarks)

3.3   ETIQUETAS (TAGS)

Al ir marcando o guardando páginas como favoritas se les debe poner una
ETIQUETA o TAG. A la derecha de su página de Delicious encontrará una lista con
las etiquetas que ha usado.

Si guarda varias páginas con determinada etiqueta podrá localizarlas al hacer
click en el nombre que haya usado. Haciendo click en Tags se muestran todas.

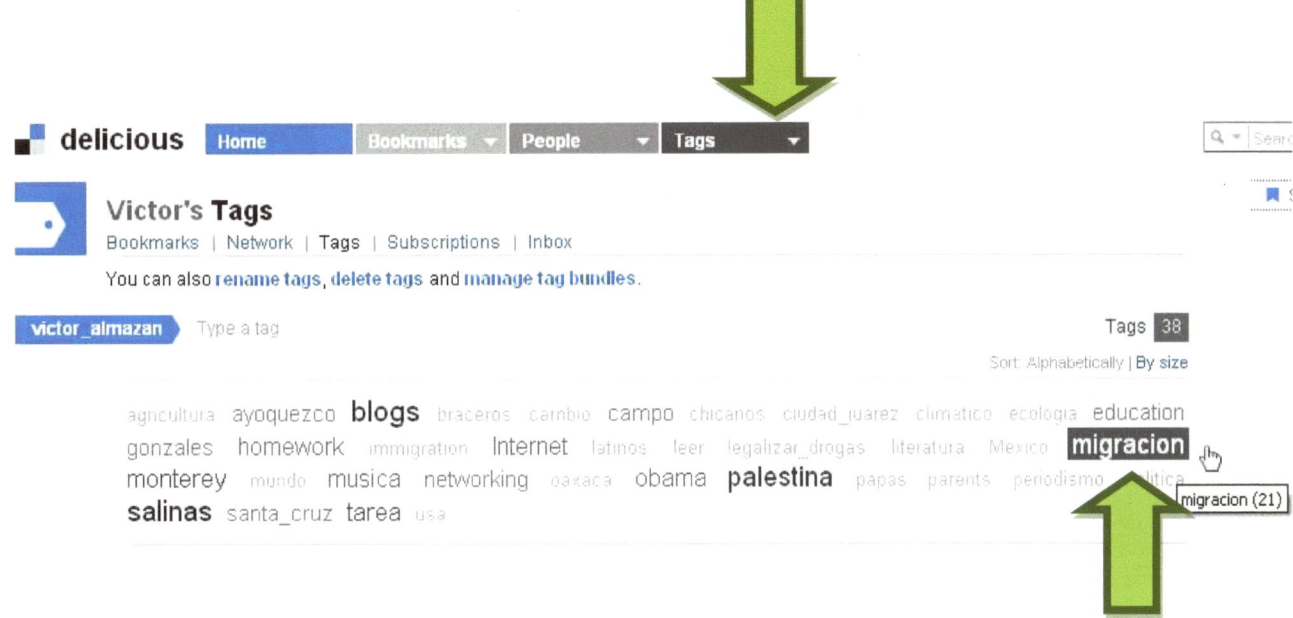

Después hacer click en la etiqueta que busca.

3.4   COMPARTIR CON SU RED

Delicious facilita que comparta usted los artículos o página que marca como favoritas con un grupo de personas a quienes nombra RED (NETWORK).

3.4.1 Añadir usuarios a su red

a. Click en Añadir a usuario a la red (Add a user to Network)

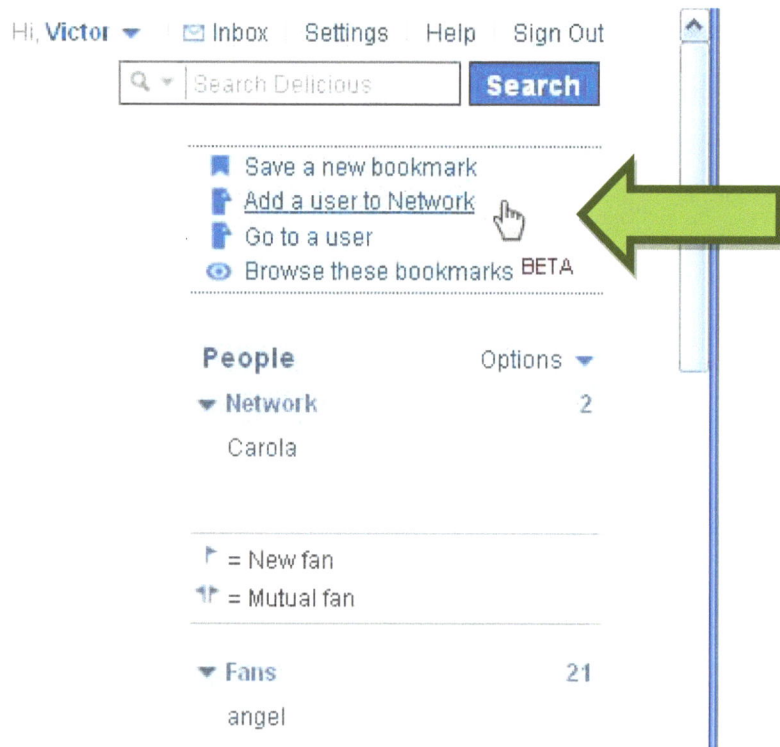

b. Escriba el nombre de usuario de la persona que quiere agregar a su red, en la ventana que aparece. Debe ser alguien que también use Delicious.

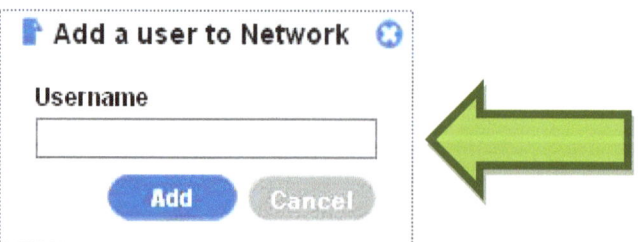

c. Click en Añadir (Add)

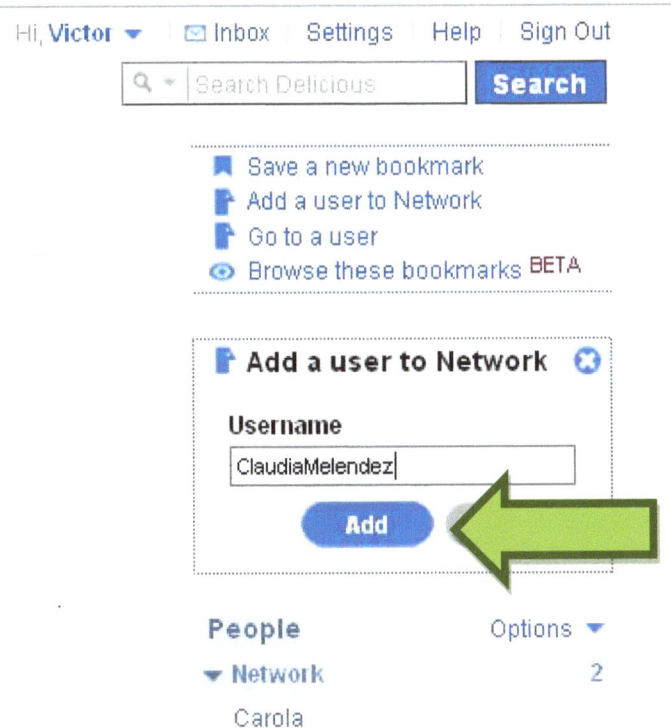

d. La persona aparecerá en el apartado Red (Network)

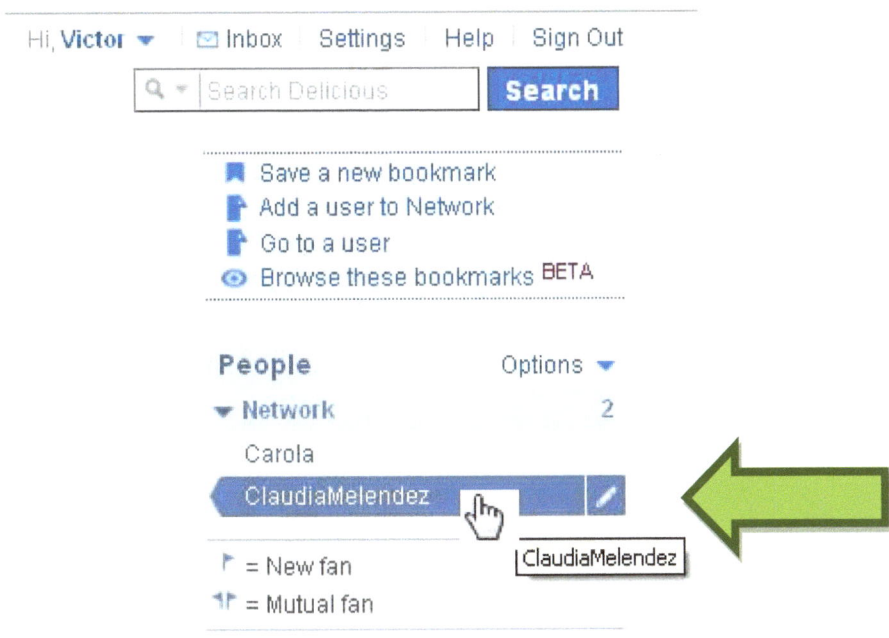

e. Y al hacer click en su nombre tendremos acceso a las páginas que ésta persona haya guardado.

Usuarios para añadir en su red de Delicious

victor_almazan

ClaudiaMelendez

4. USANDO INTERNET PARA AYUDAR EN LAS TAREAS DE SUS HIJOS

En este capítulo usamos como guía el documento "Cómo ayudar a su hijo con la tarea escolar" del Departamento de Educación de los Estados Unidos. Lo puede encontrar en los documentos de Víctor o Claudia de Delicious o en la siguiente dirección:

www2.ed.gov/espanol/parents/academic/tareaescolar/index.html

Algunas recomendaciones del documento son éstas:

a. Fije una hora para hacer la tarea

Tener una hora fija para hacer la tarea ayuda a los niños a terminar con sus deberes.

b. Escoja un buen lugar

La zona de estudio no tiene que ser algo demasiado especial. Un escritorio en el cuarto sería bueno, pero para muchos niños, la mesa de la cocina o una esquinita en la sala funcionan perfectamente bien.

c. Elimine las distracciones

Apague la televisión. Algunos niños pueden trabajar muy bien con un poco de música de fondo, pero los ruidos fuertes del radio, de los CDs o del televisor nunca son aceptables.

d. Tenga materiales a la mano e identifique los recursos necesarios

Tenga materiales escolares como lápices, plumas, borradores, papel de escritura y un diccionario a la mano.

Si tiene usted computadora en casa, ayúdele a buscar información. Use los recursos aprendidos en esta clase.

- Páginas de Búsqueda como **Google, Bing Yahoo, etc.**
- Enciclopedias como **Wikipedia,** diccionarios en línea **WordReference**, etc.
- Busque páginas que puedan ayudarle en **Delicious.** Víctor tiene varios documentos marcados con la etiqueta **Tarea** y Claudia usa la etiqueta **Apoyo**.
- Participe en blogs y redes sociales como **Facebook** para compartir consejos y recomendaciones con otros padres de familia.

e. Dé un buen ejemplo

Permita que él lo vea leyendo libros, periódicos y trabajando en la computadora; escribiendo informes, cartas, **mensajes electrónicos** y listas; usando las matemáticas para balancear las cuentas de la casa o midiendo el piso para comprar la nueva alfombra.

f. Interésese y sea interesante

Pregúntele que discutieron en clase hoy. Si él no tiene mucho que decir, use otras tácticas. Por ejemplo, pídale que le lea en voz alta una historia que escribió en la escuela o que hable sobre algo que descubrió en sus experimentos de ciencias.

Haga con él una presentación en **PowerPoint.** (Vea cómo en la parte correspondiente de éste Manual).

Este documento está en la página de Delicious de Víctor bajo la etiqueta **Tarea** y en la de Claudia bajo la etiqueta **Apoyo.**

5. CORREO ELECTRÓNICO

Una de las funciones más usadas en Internet es la del CORREO ELECTRÓNICO. Que nos permite mandar mensajes a través de la computadora.

Hay dos tipos de correo electrónico:

a. Uno que le proporciona la empresa que le da el servicio de Internet.
b. Correo gratuito a través de páginas especializadas en ello.

Por ser de los más usados, hablaremos del correo gratuito. Hay varias páginas que proporcionan ese servicio.

5.1 CÓMO OBTENER UNA CUENTA DE CORREO

Usaremos como ejemplo Gmail, pero obtener una cuenta en Hotmail, Yahoo y otros es similar.

a. Abril la página de Google, pues Gmail es un servicio de ésta empresa.

Web Images Videos Maps News Shopping Gmail more ▼

Google™

Advanced Search
Language Tools

Google Search   I'm Feeling Lucky

b. Click en **Gmail**

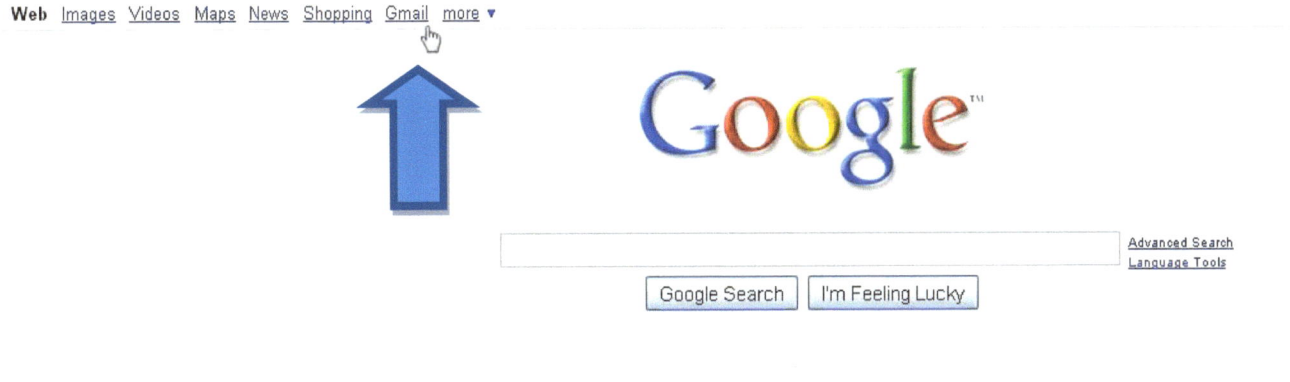

c. Click en **Create an account** (Crear una cuenta)

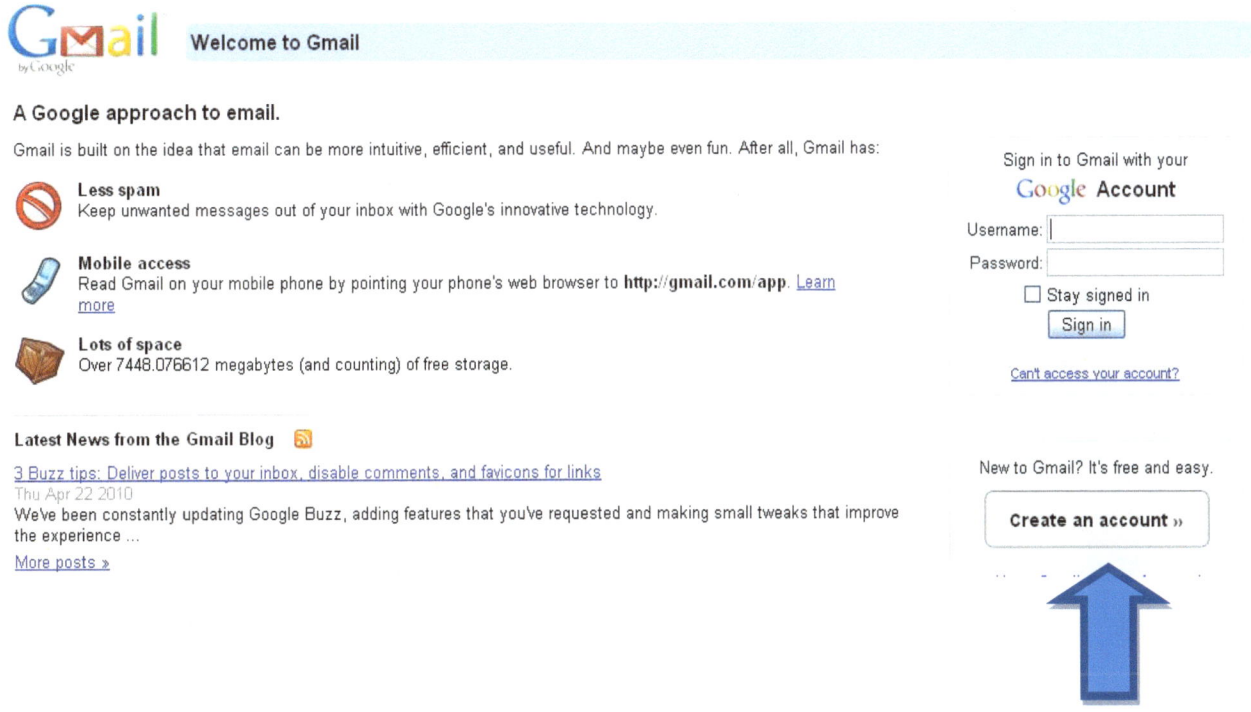

Si accede desde la página de GoogleMéxico www.google.com.mx las páginas estarán en español.

d. Cambie el idioma si lo prefiere

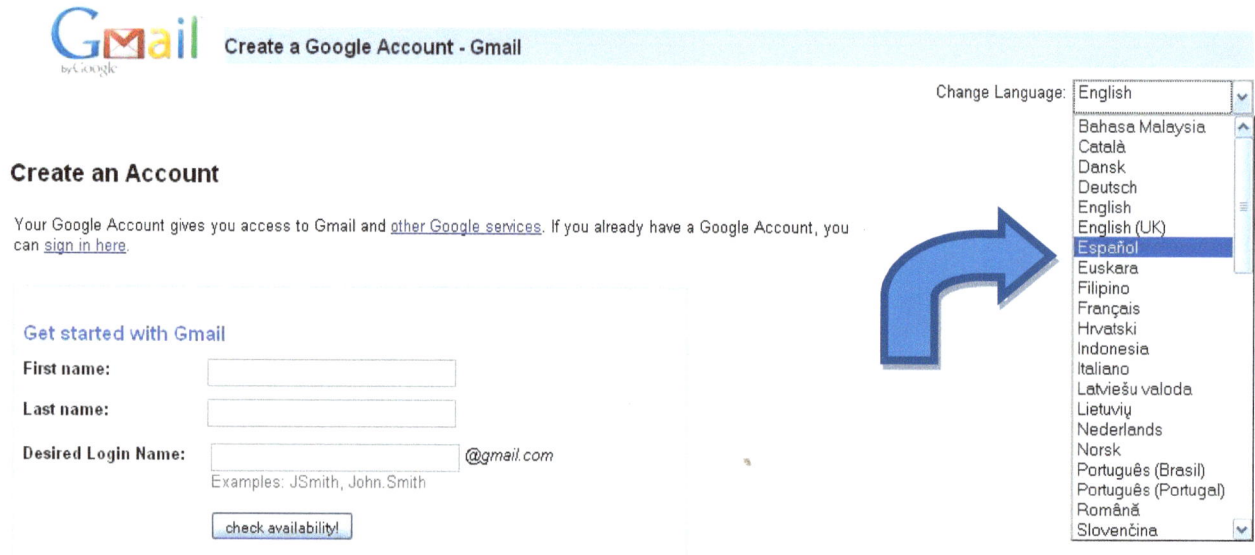

e. Anote los datos que le piden

Crear una cuenta

Su cuenta de Google le ofrece acceso a Gmail y a otros servicios de Google. Si ya dispone de una cuenta de Google, haga clic aquí para acceder a ella.

Cómo empezar a utilizar Gmail

Nombre: Victor

Apellido: Almazan

Nombre de registro: viclmzn @gmail.com
Ejemplos: ARamos, Ana.Ramos

comprobar la disponibilidad.

viclmzn está disponible

Elija una contraseña.: ●●●●●●●●● Fortaleza de la contraseña: Óptima
Longitud mínima de 8 caracteres

Vuelve a introducir la contraseña: ●●●●●●●●●

f. Al final, haga click en el botón **Acepto. Crear mi cuenta**

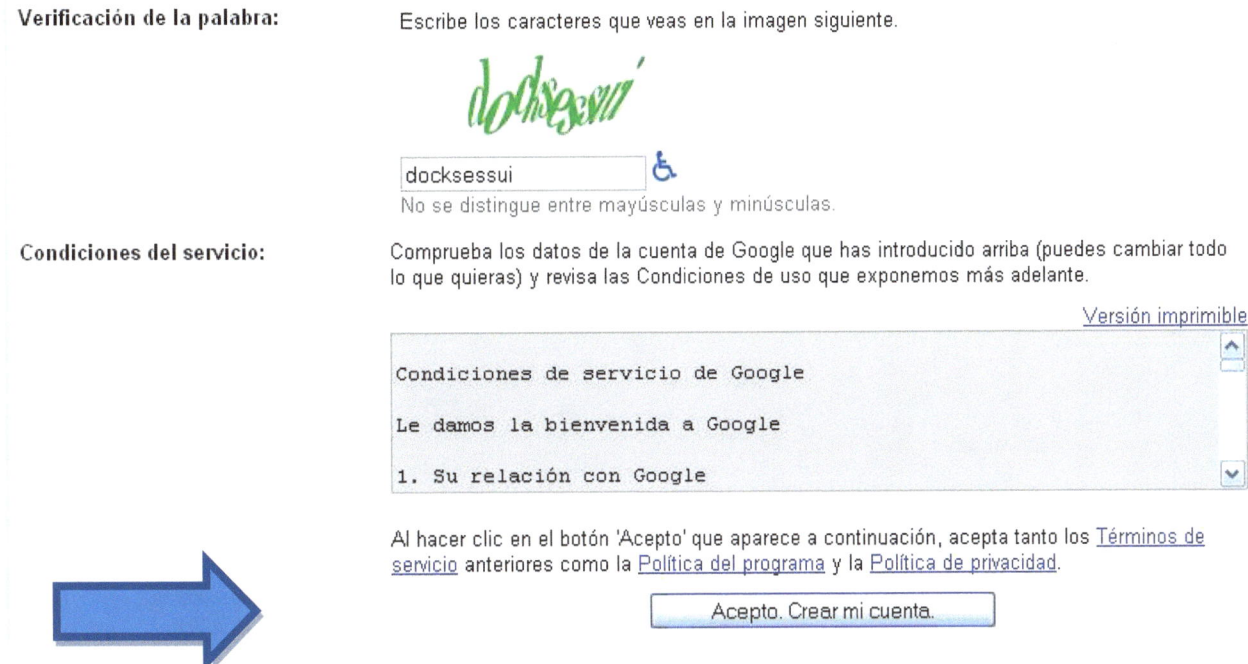

Verificación de la palabra:

Escribe los caracteres que veas en la imagen siguiente.

docksessui

No se distingue entre mayúsculas y minúsculas.

Condiciones del servicio:

Comprueba los datos de la cuenta de Google que has introducido arriba (puedes cambiar todo lo que quieras) y revisa las Condiciones de uso que exponemos más adelante.

Versión imprimible

Condiciones de servicio de Google

Le damos la bienvenida a Google

1. Su relación con Google

Al hacer clic en el botón 'Acepto' que aparece a continuación, acepta tanto los Términos de servicio anteriores como la Política del programa y la Política de privacidad.

Acepto. Crear mi cuenta.

Si todo estuvo correcto, aparecerá esta página. Click en **Quiero acceder a mi cuenta**

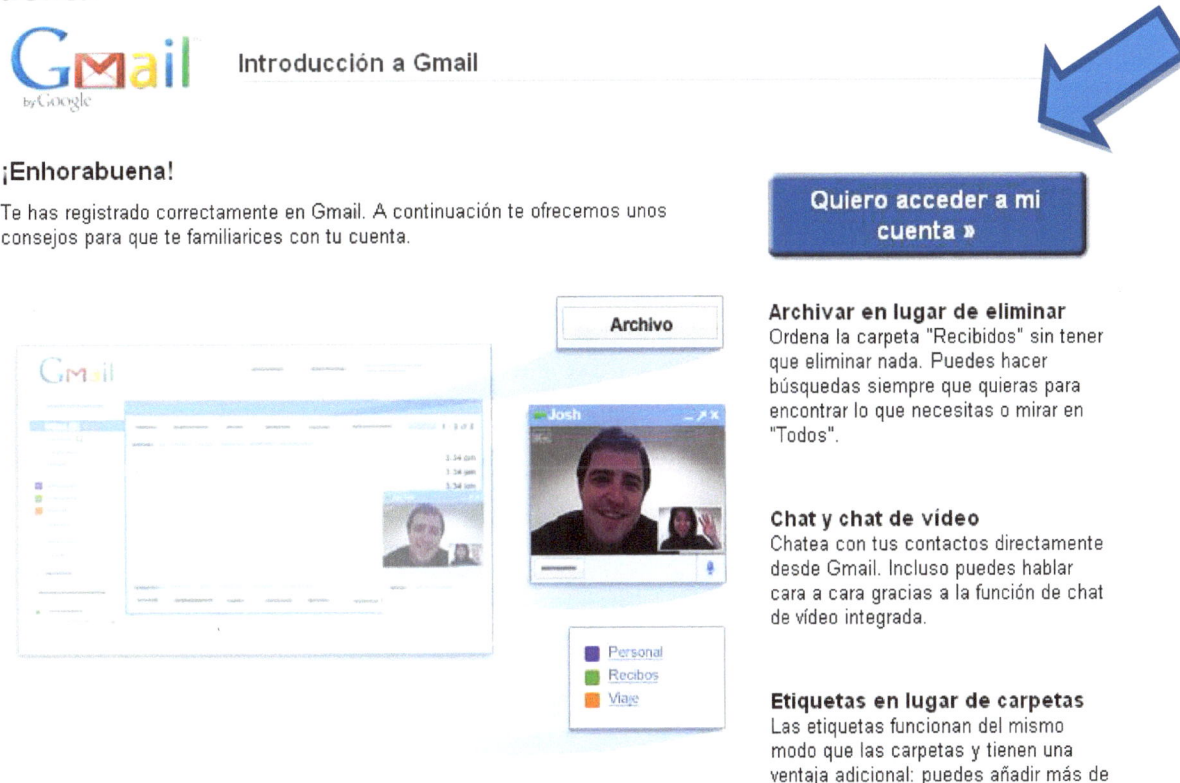

Introducción a Gmail

¡Enhorabuena!

Te has registrado correctamente en Gmail. A continuación te ofrecemos unos consejos para que te familiarices con tu cuenta.

Quiero acceder a mi cuenta »

Archivo

Archivar en lugar de eliminar
Ordena la carpeta "Recibidos" sin tener que eliminar nada. Puedes hacer búsquedas siempre que quieras para encontrar lo que necesitas o mirar en "Todos".

Chat y chat de vídeo
Chatea con tus contactos directamente desde Gmail. Incluso puedes hablar cara a cara gracias a la función de chat de vídeo integrada.

Personal
Recibos
Viaje

Etiquetas en lugar de carpetas
Las etiquetas funcionan del mismo modo que las carpetas y tienen una ventaja adicional: puedes añadir más de una a un correo electrónico.

g. Gmail tiene un nuevo servicio llamado **Buzz,** pero iremos a la **Bandeja de Entrada**

¡Nuevo! Google Buzz en Gmail

Comparte tus novedades, fotos, vídeos y mucho más. Las cosas que te parecen interesantes pueden ser el principio de una conversación.

Todo en un mismo lugar
Sigue a tus amigos y recibe buzz recomendados de tus amigos sin salir de Gmail.

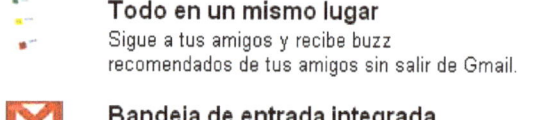

Bandeja de entrada integrada
Los comentarios aparecen en la bandeja de entrada para no perderte nada de las conversaciones.

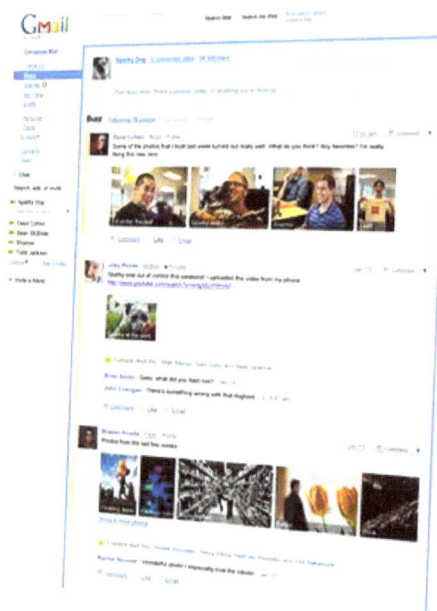

5.2 LA BANDEJA DE ENTRADA

Los mensajes que recibimos llegan al folder **Recibidos** (Inbox)

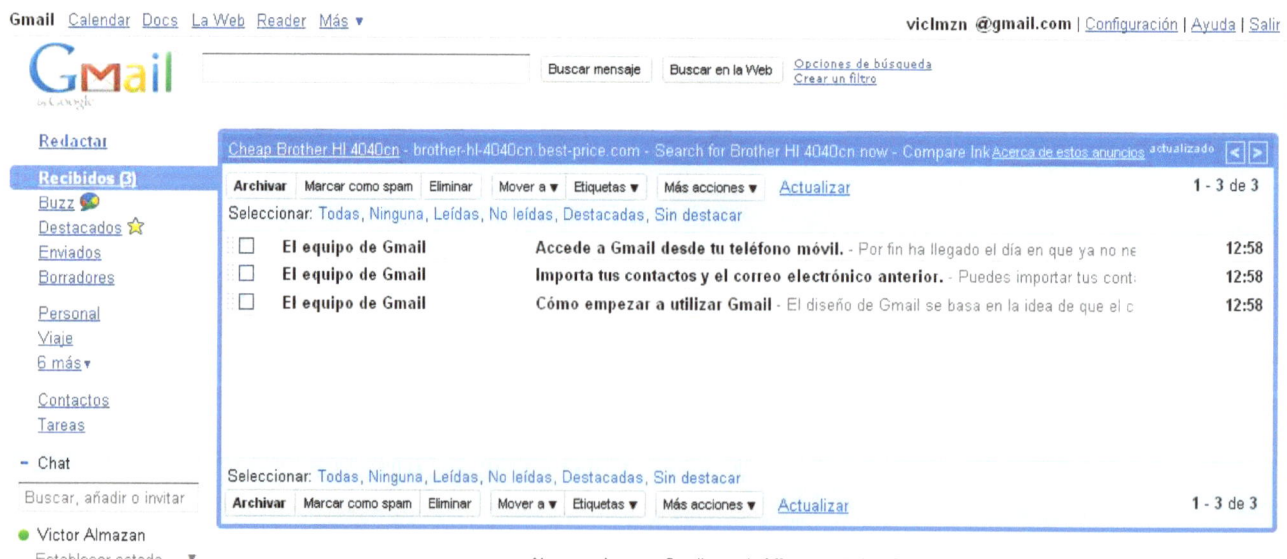

5.2.1 Leer los mensajes

Para "abrir" y leer los mensajes que recibimos, colocamos el cursor encima del título del mensaje y damos click.

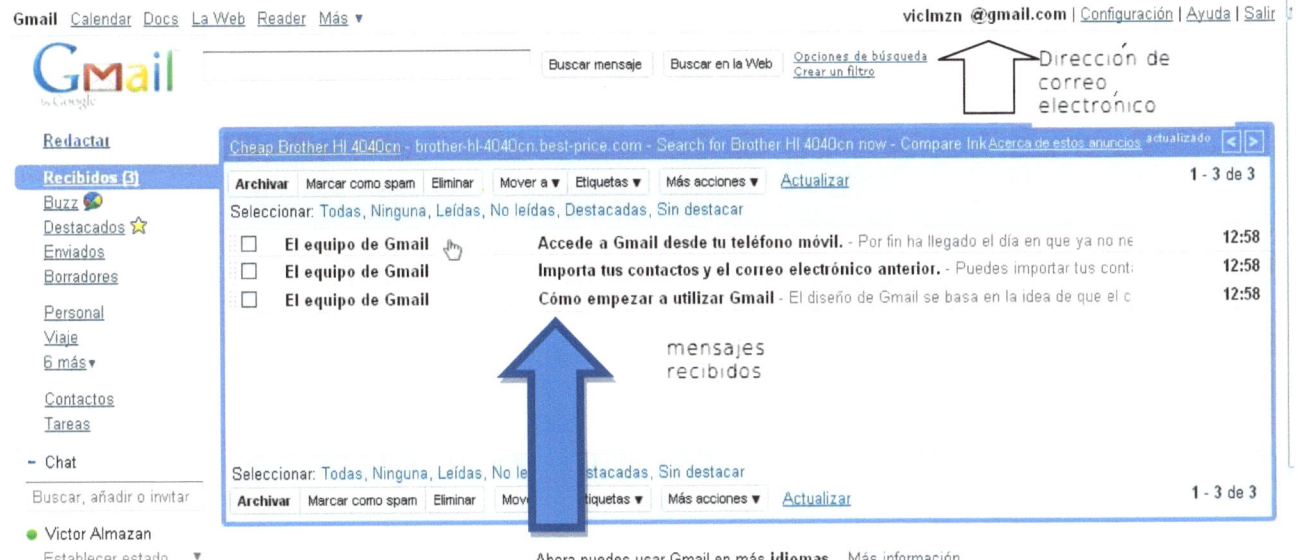

5.2.2. Responder mensajes

a. Click en **Responder**

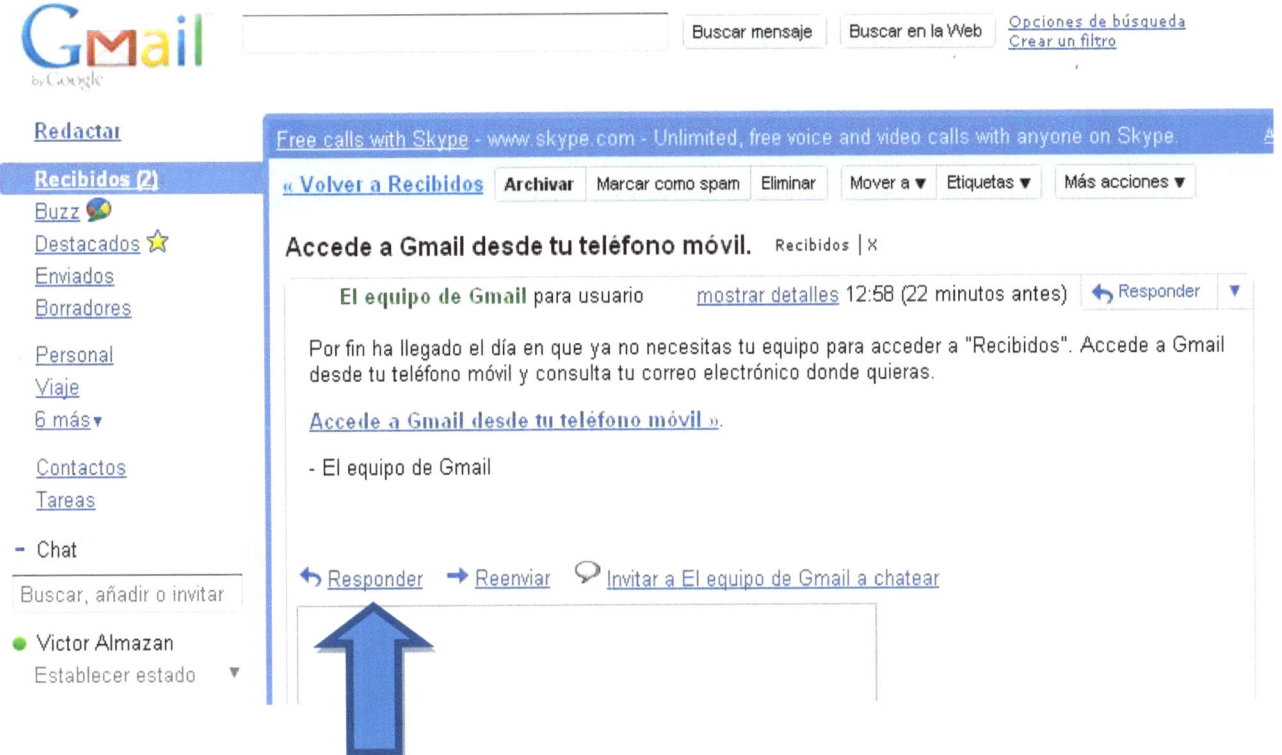

b. La dirección electrónica de la persona a la que le responde ya está en el recuadro **Para:**

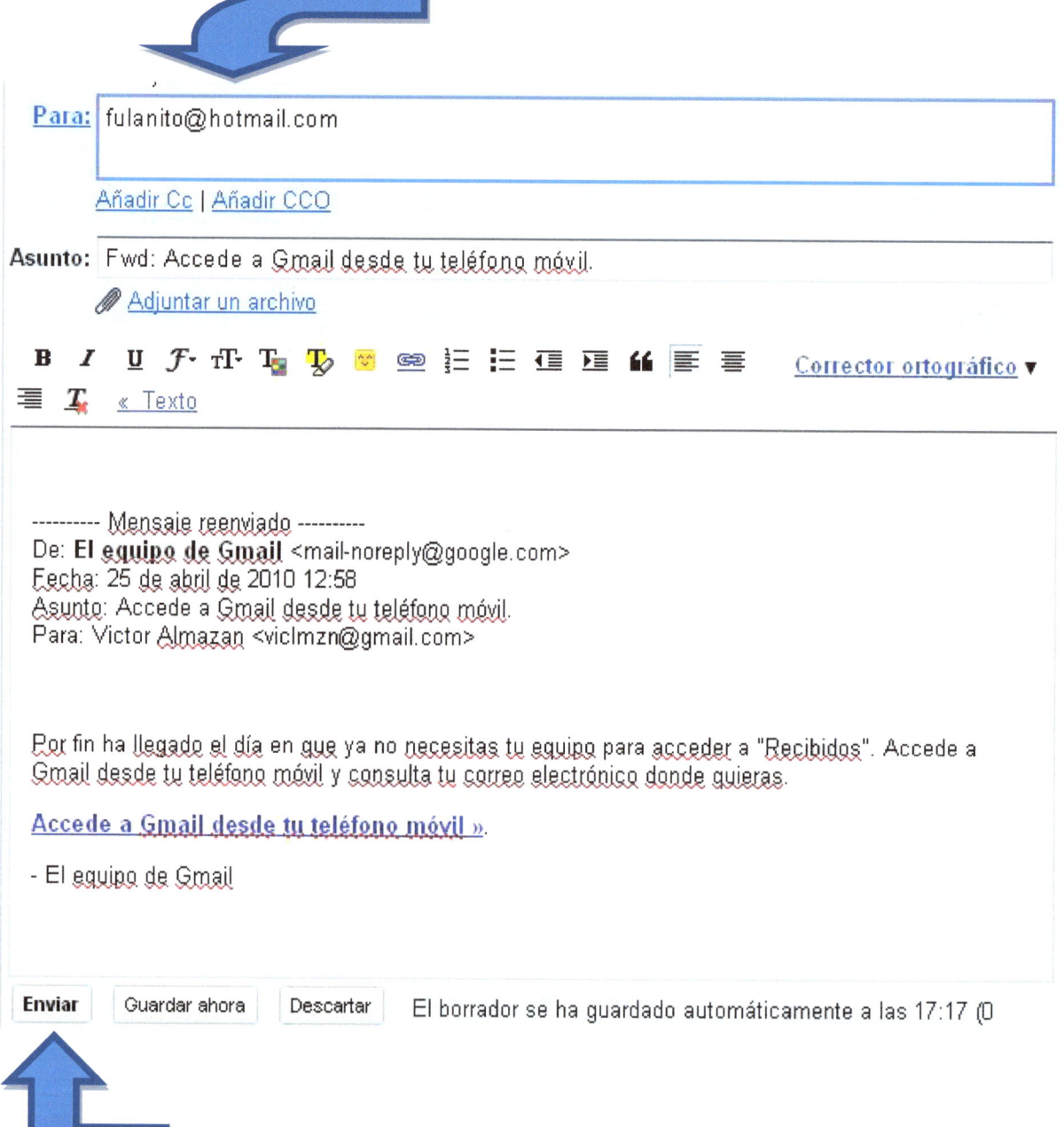

c. Escriba el mensaje de respuesta y
d. Click en **Enviar**

5.2.3 Borrar mensajes

a. Click en el recuadro al principio del mensaje. Se marcará una "palomita" verde.

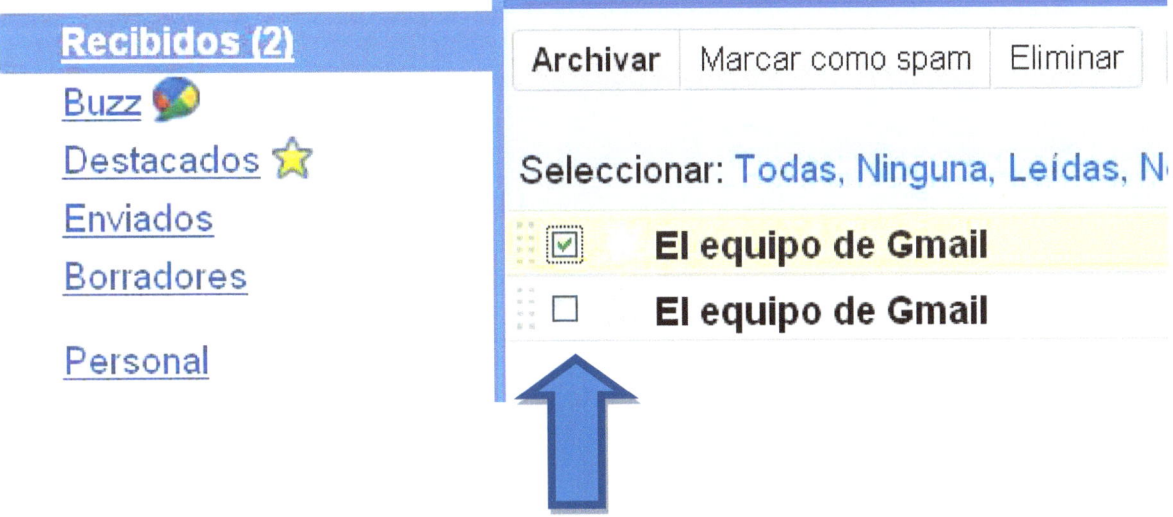

b. Click en **Eliminar**

Los mensajes serán enviados a La Papelera, donde serán borrados después de cierto tiempo.

5.3 TERMINAR LA SESIÓN (CERRAR CORREO)

Si está usted usando una computadora pública es importante cerrar la sesión
para que otra persona no lea su correo.

a. Click en **Salir**

5.4 ENVIAR MENSAJES

a. Abrir la página de **Google**

b. Click en **Gmail**

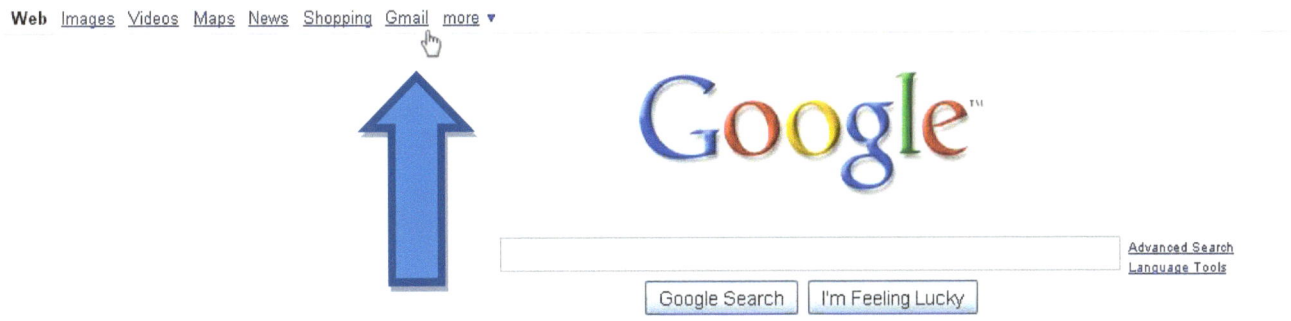

c. Escribir su **Nombre de usuario** y **contraseña**

El **Nombre de usuario** es el mismo que escribió en **Nombre de registro** al momento de **crear una cuenta.** La **contraseña** debe ser exactamente la misma.

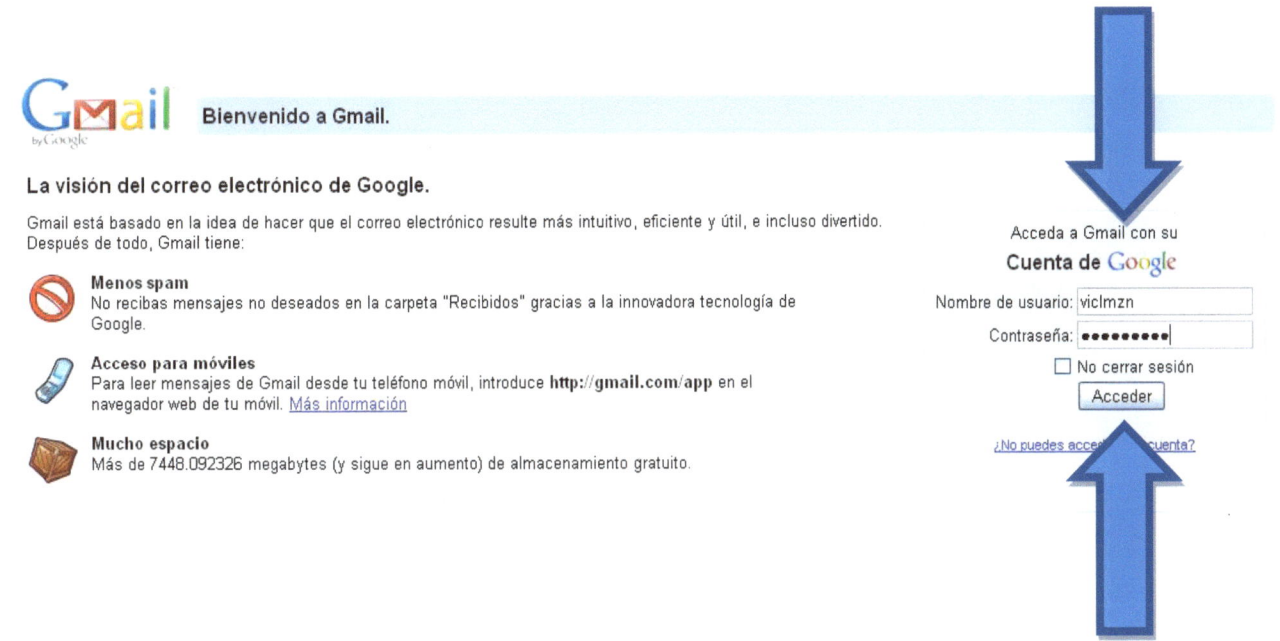

d. Click en **Acceder**

e. Click en **Redactar**

f. En la sección **Para** escribir la dirección de correo electrónico de la persona a la cual va dirigido el mensaje

g. En **Asunto** escribir en pocas palabras de lo que se trata el mensaje

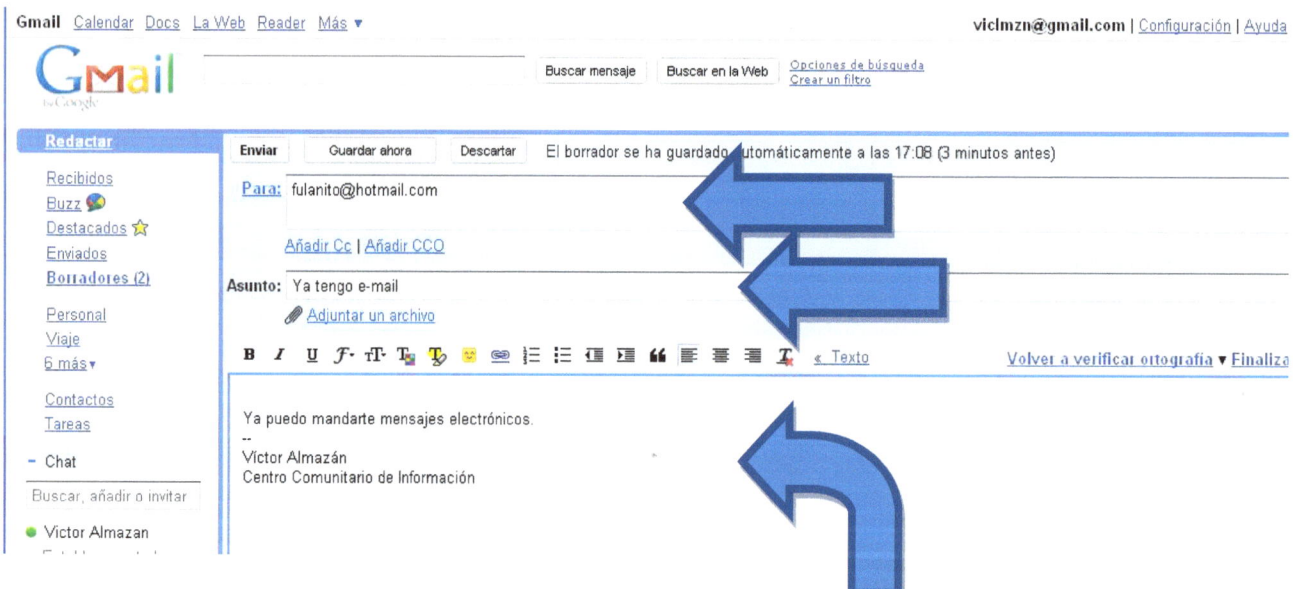

h. Y en el campo blanco, el texto del mensaje

i. Click en **Enviar**

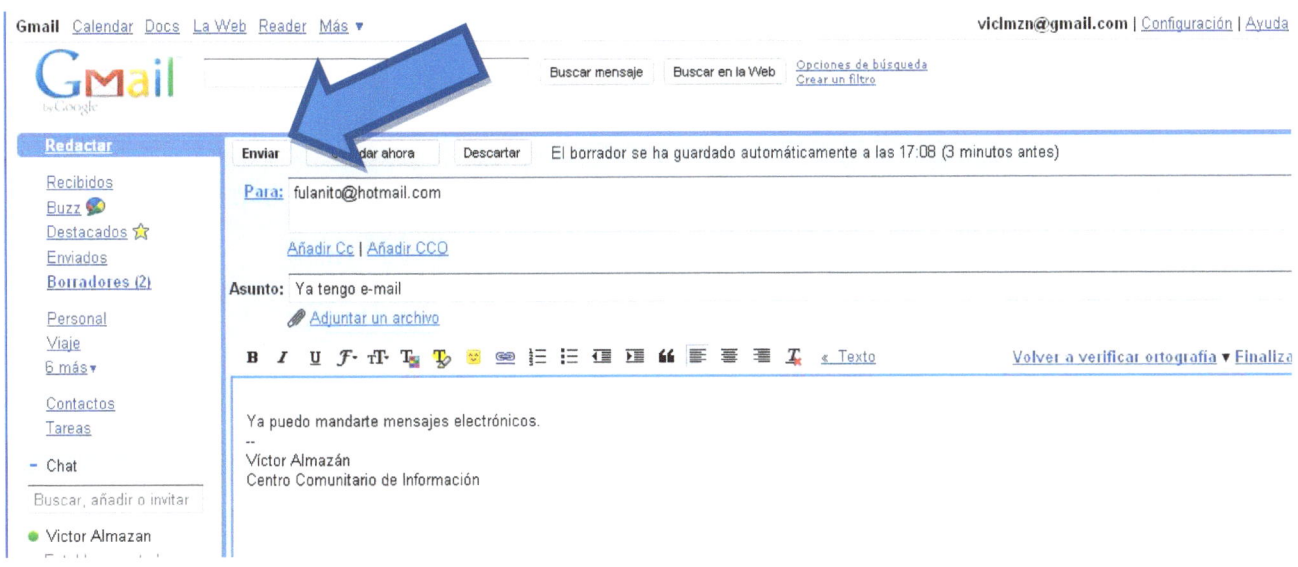

6. MENSAJES INSTANTÁNEOS (CHAT)

Una modalidad del correo electrónico son los mensajes instantáneos (chat). La diferencia entre el correo y el chat es que para llevar a cabo los mensajes instantáneos las personas que se comunican deben estar "en línea" al mismo tiempo.

Hay varios programas gratuitos para mensajes instantáneos. Usaremos **Windows Messenger** como ejemplo.

6.1 Iniciar sesión en Windows Messenger

La mayoría de computadoras con sistema operativo Windows ya traen instalado Windows Messenger. Si no es así, se puede "descargar" gratis de Internet.

    a. Click en **Inicio** (Start) y en caso necesario, en **Todos los Programas**

    b. Click en Windows Messenger

La versión mas reciente es la llamada Windows Live Messenger, se tiene que descargar de Internet. Pero funciona de la misma manera.

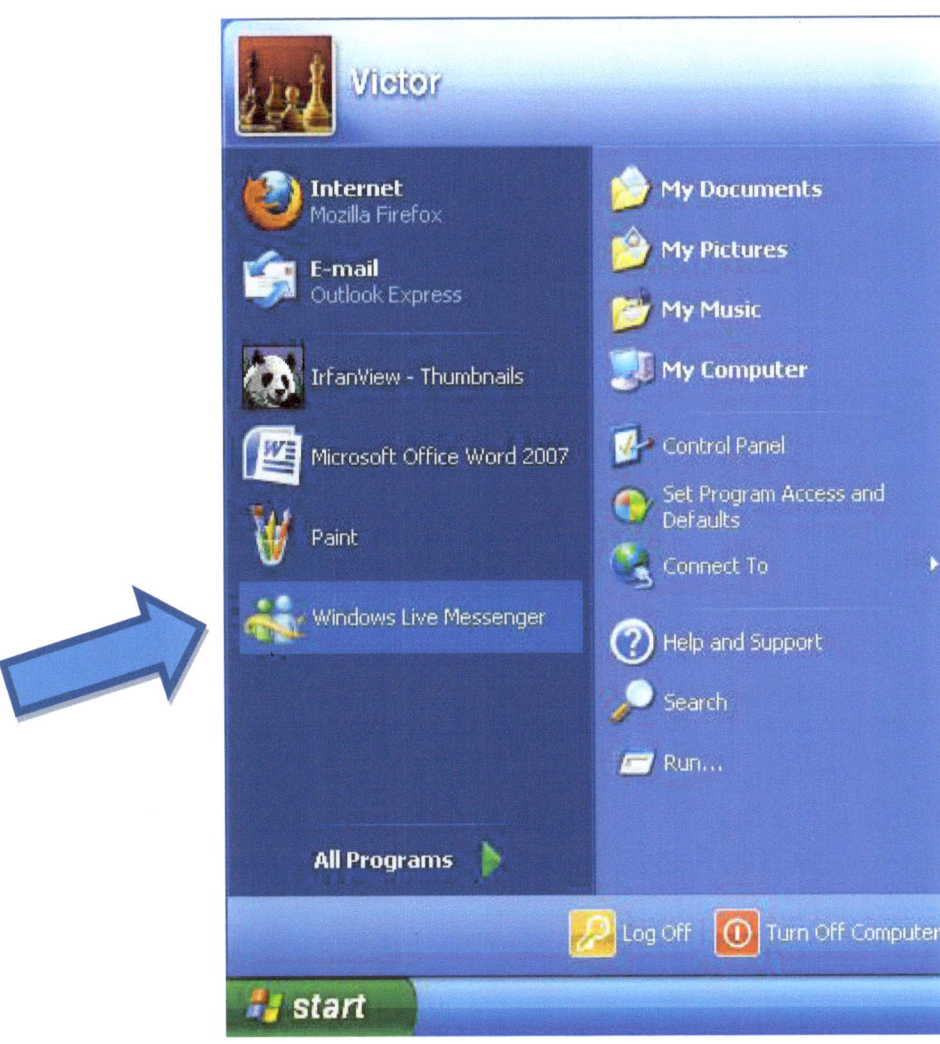

c. Al abrirse la ventana del Messenger, anotar su correo electrónico y su contraseña.

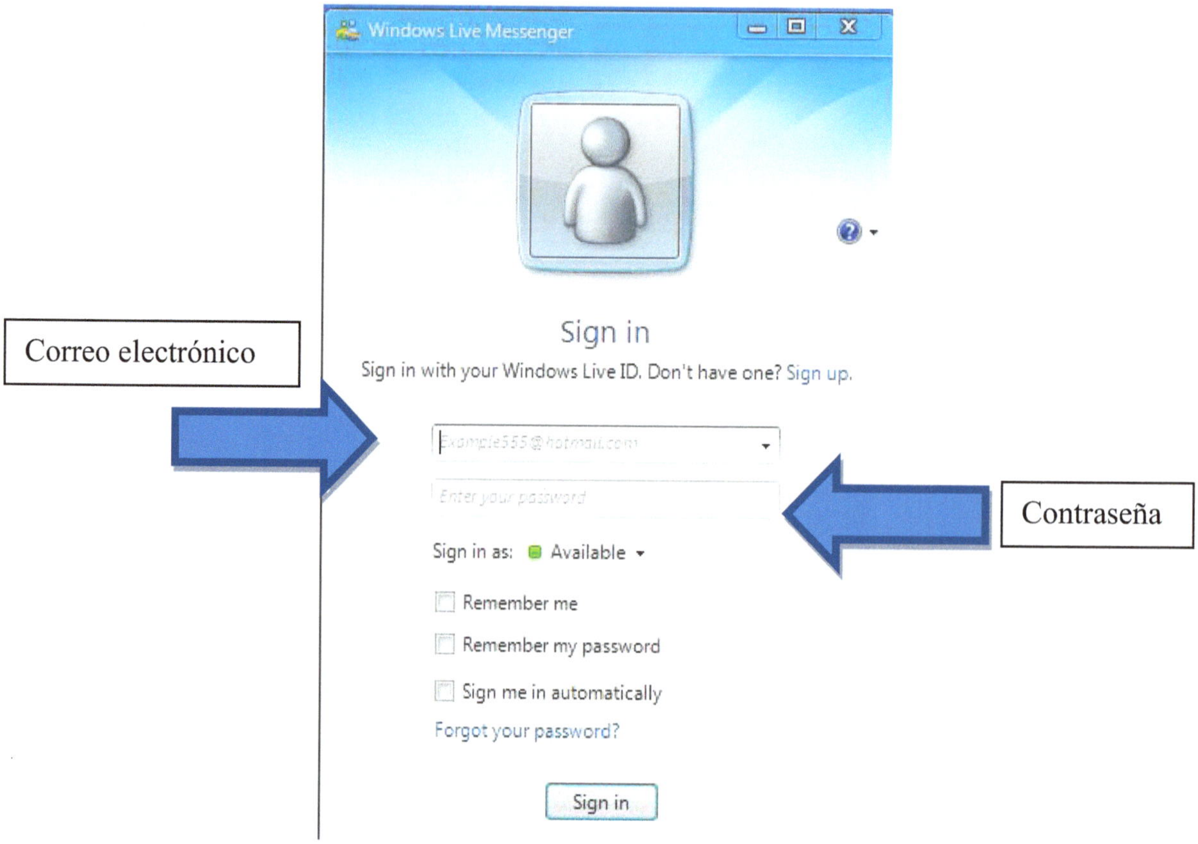

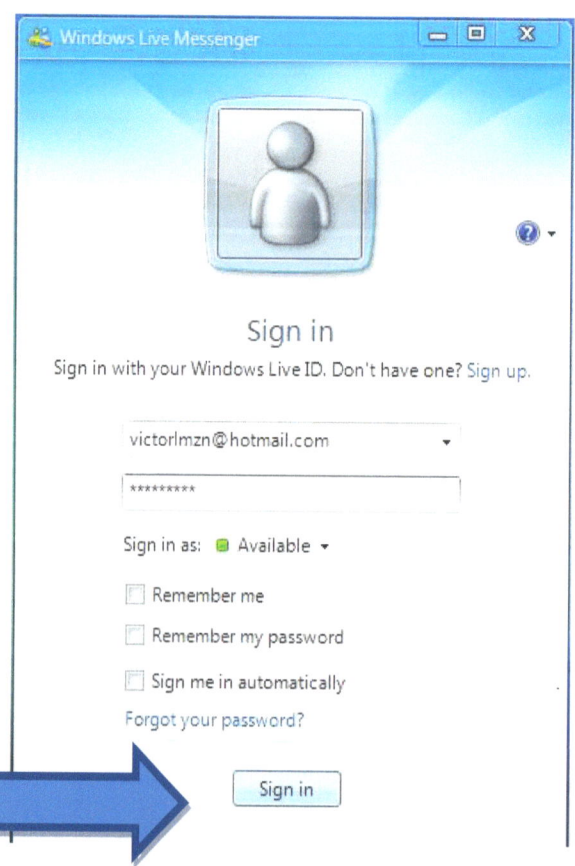

Correo electrónico

Contraseña

d. Click en **Sign in** (Iniciar sesión)

e. Para usar este programa se requiere tener una cuanta de correo de **Hotmail**, pero también funciona con correos de Yahoo y Gmail, sólo hay que registrarse.

6.2 Añadir contactos

Para iniciar una conversación es necesario que la persona con la que va a conversar sea uno de sus "contactos".

a. Click en el ícono de **Añadir un contacto** (Add a contact)

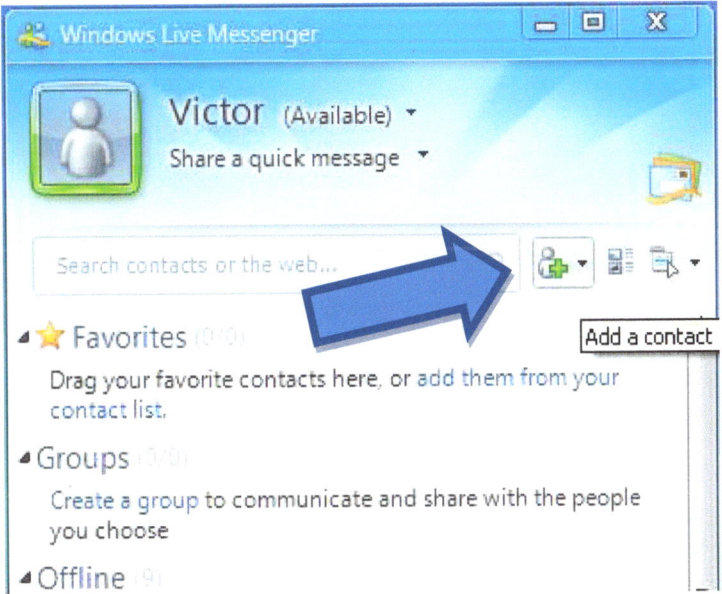

b. Escribir el correo electrónico de la persona que se va a añadir como contacto.

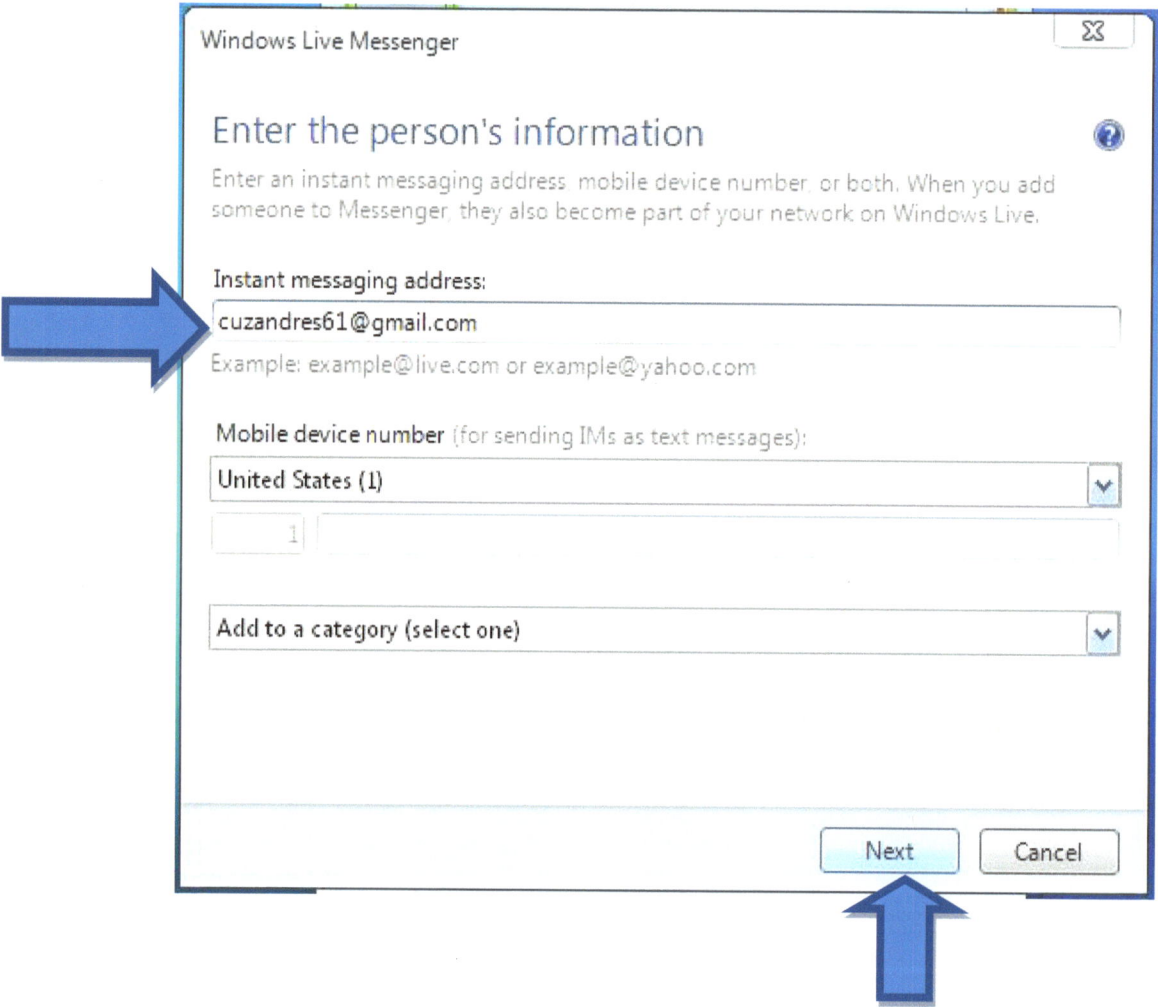

c. Click en **Siguiente** (Next)

Se abrirá otra ventana...

d. Click en **Enviar invitación** (Send invitation)

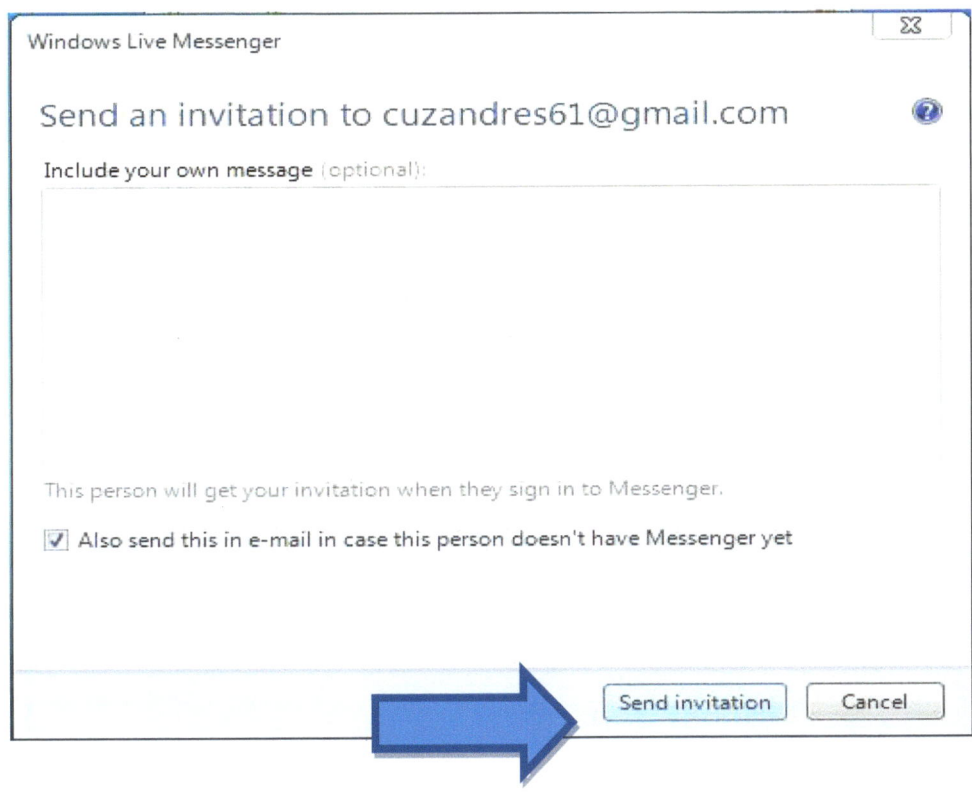

Windows Live Messenger

Send an invitation to cuzandres61@gmail.com

Include your own message (optional):

This person will get your invitation when they sign in to Messenger.

☑ Also send this in e-mail in case this person doesn't have Messenger yet

Send invitation   Cancel

e. Click en **Cerrar** (Close)

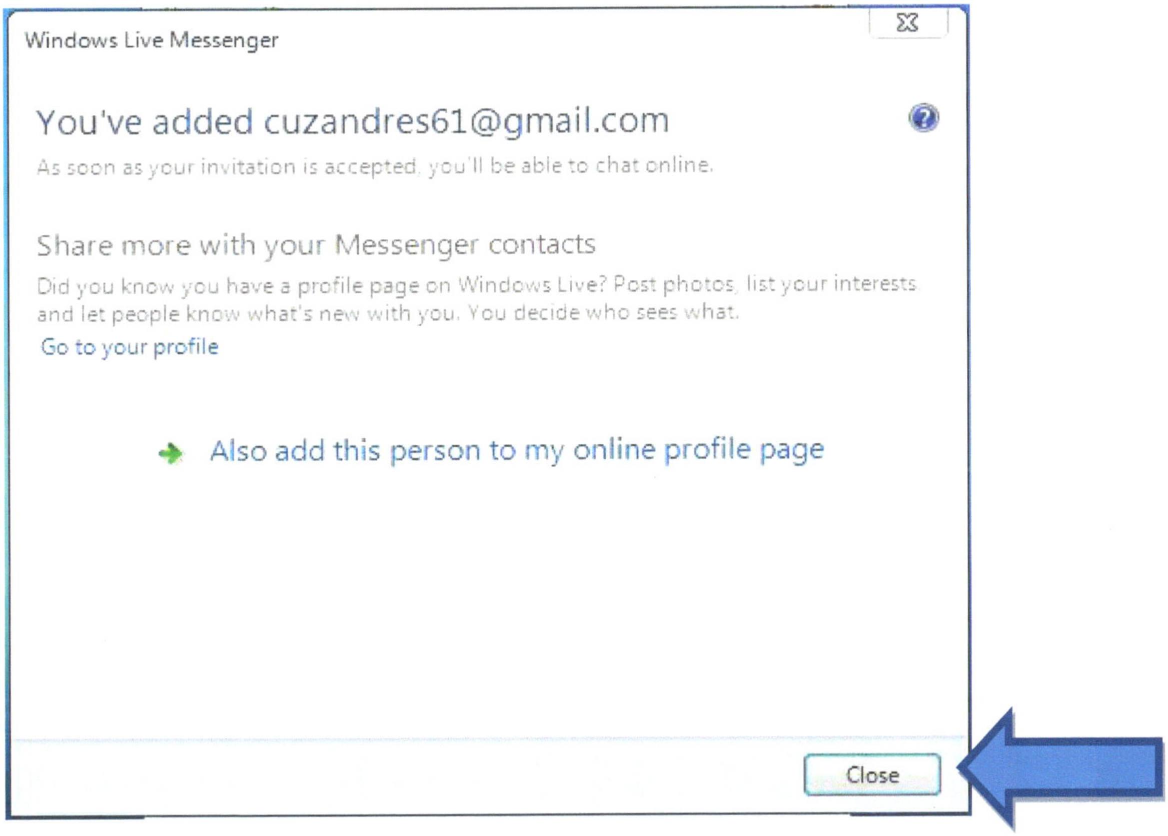

Windows Live Messenger

You've added cuzandres61@gmail.com

As soon as your invitation is accepted, you'll be able to chat online.

Share more with your Messenger contacts

Did you know you have a profile page on Windows Live? Post photos, list your interests and let people know what's new with you. You decide who sees what.

Go to your profile

➡ Also add this person to my online profile page

Close

6.3 iniciar el chat

Si la persona a la cual envió la invitación acepta, su nombre aparecerá en la lista de contactos de Messenger.

Podrá comunicarse con ella cuando se encuentre "en línea". El cuadrito que está antes de su nombre será de color verde.

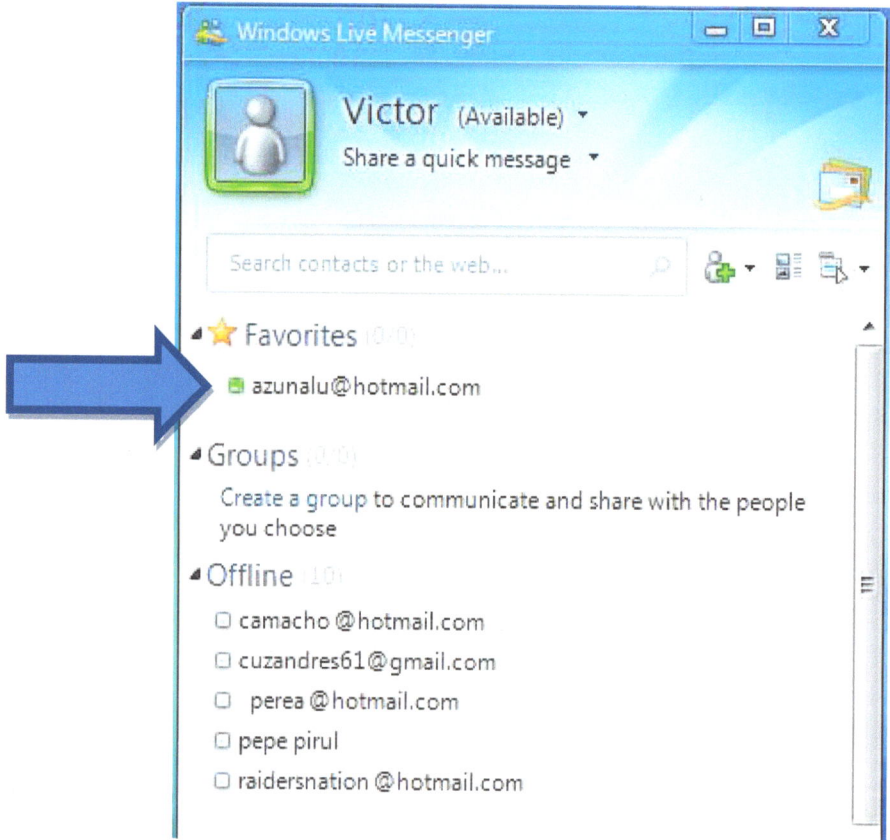

a. Click en el nombre de la persona con la cual quiere "chatear".

Se abrirá otra pequeña ventana.

b. Click en **Enviar mensaje instantáneo** (Send an instant message)

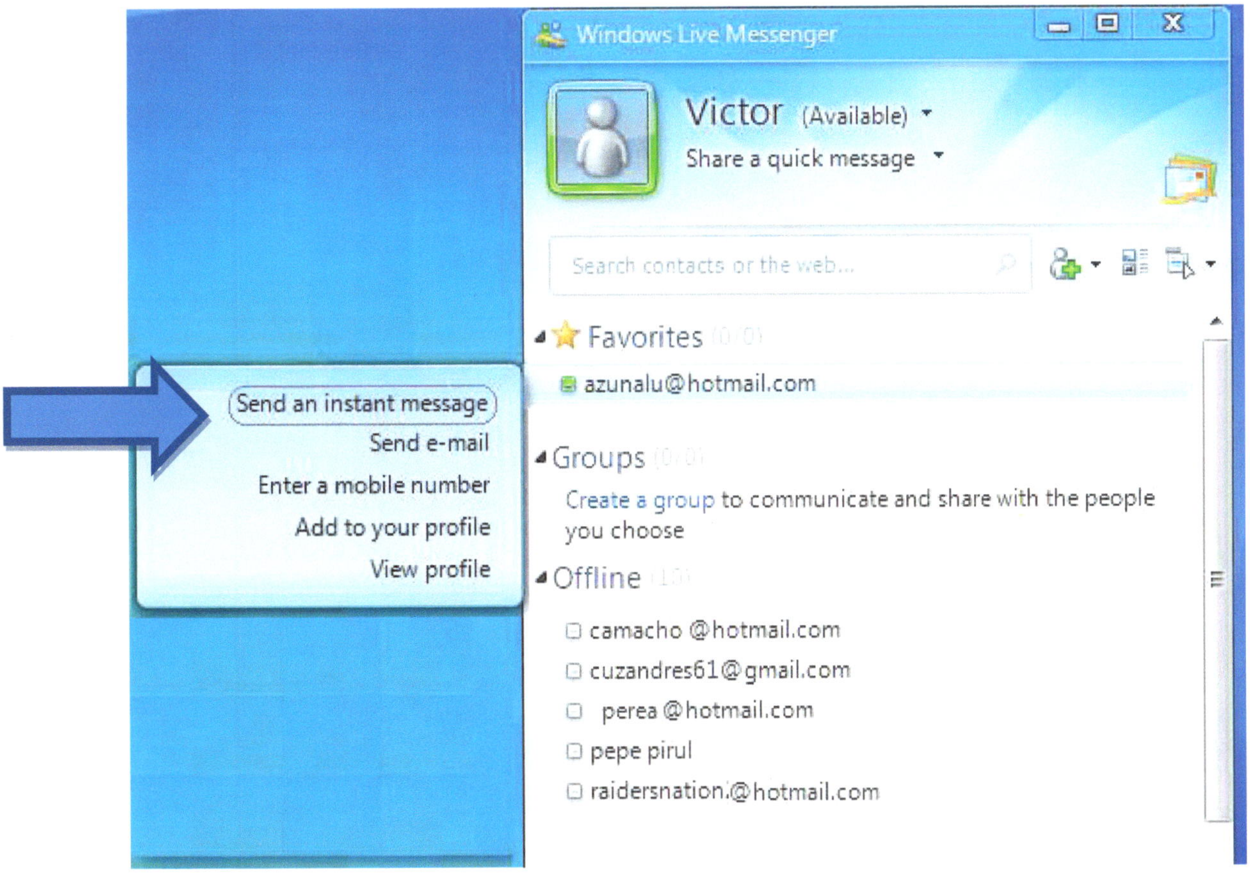

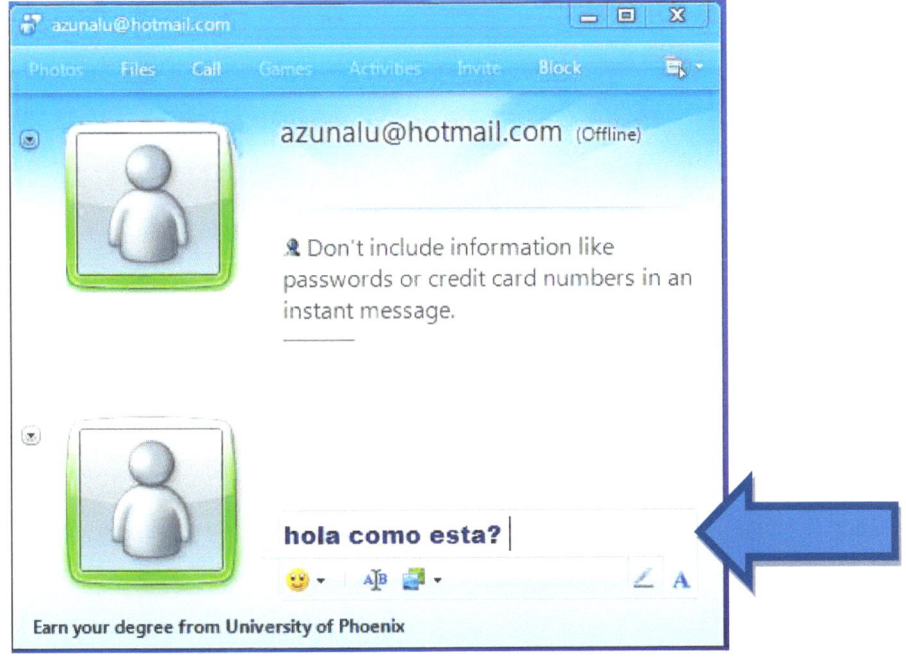

Se abrirá la ventana del chat.

c. Escriba su mensaje en el recuadro inferior derecho.

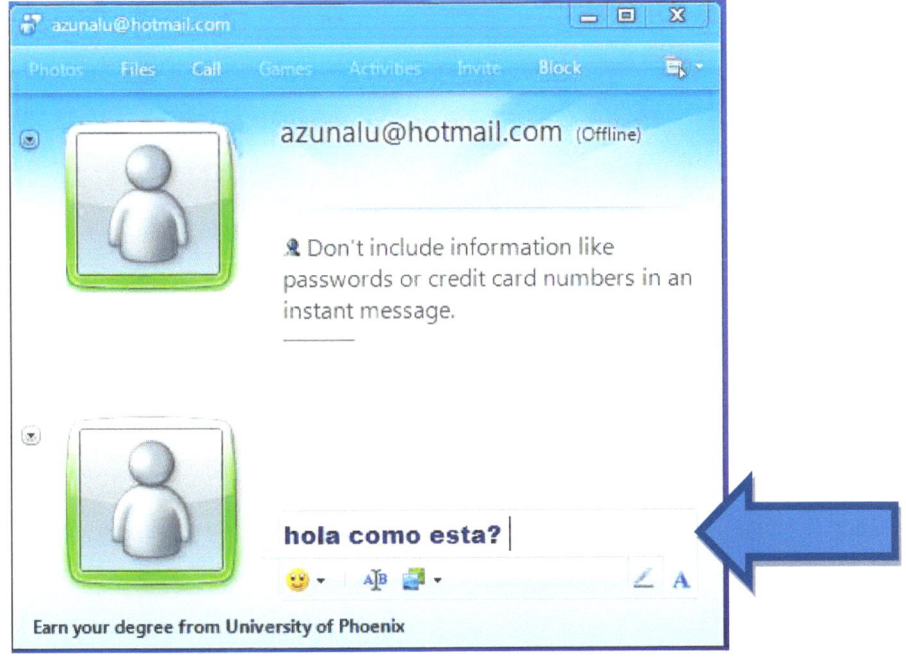

d. Presione la tecla **Enter o enviar**

Su mensaje aparecerá en el espacio de diálogo de la ventana.

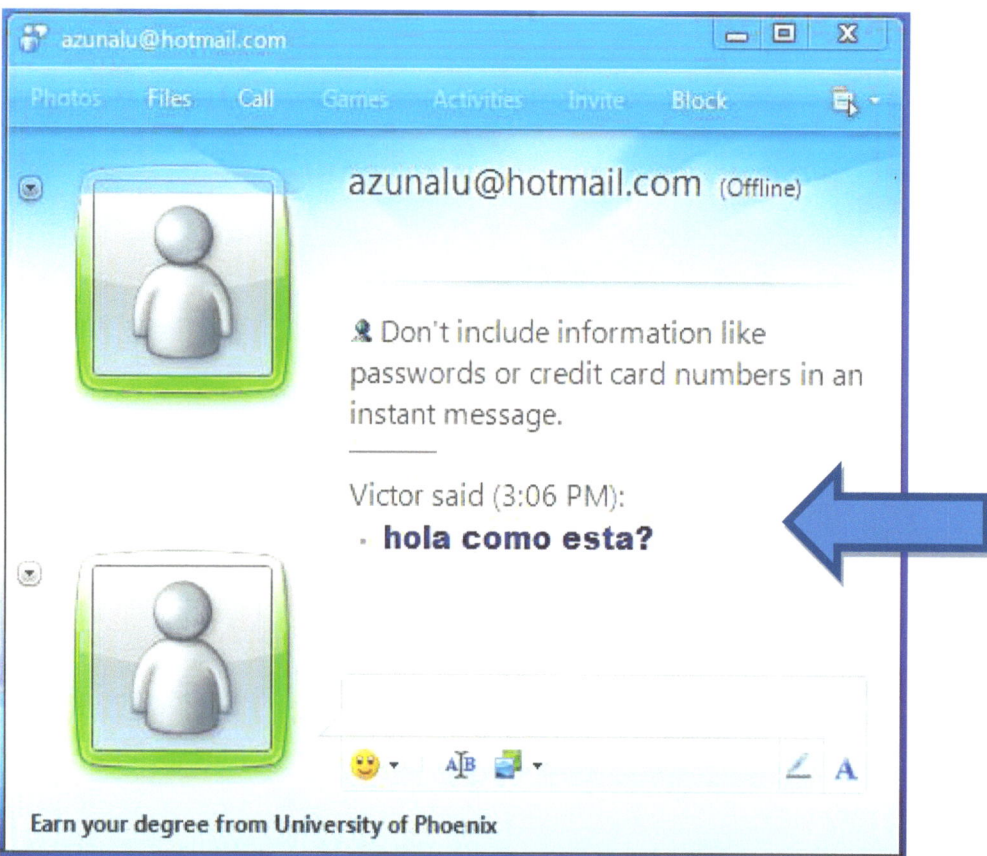

En caso de tener video cámara (webcam) se pueden realizar video conferencias.

6.4 CERRAR EL PROGRAMA

Cuando termine de dialogar, cierre la ventana del chat.

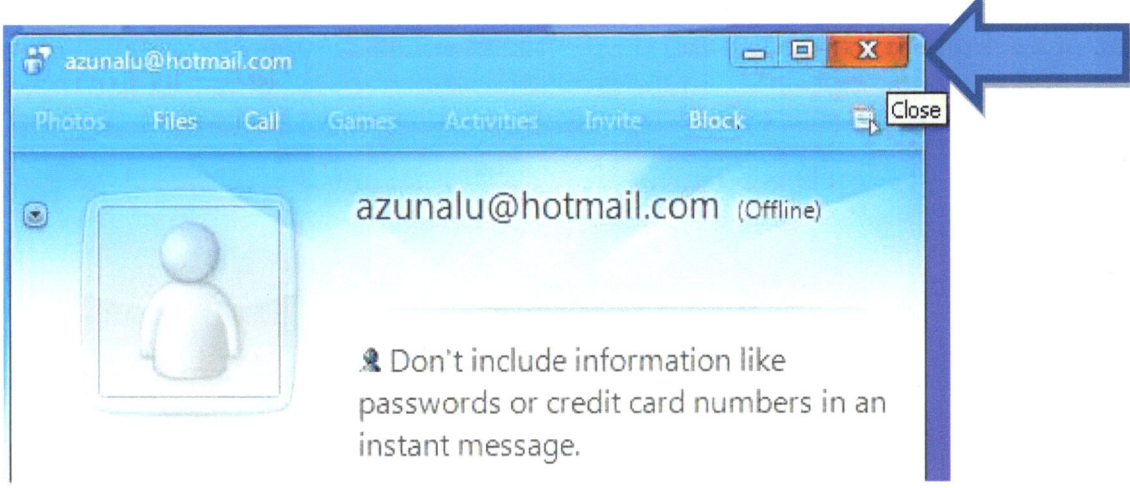

Cierre el programa

a. Click en la flecha negra al lado del nombre

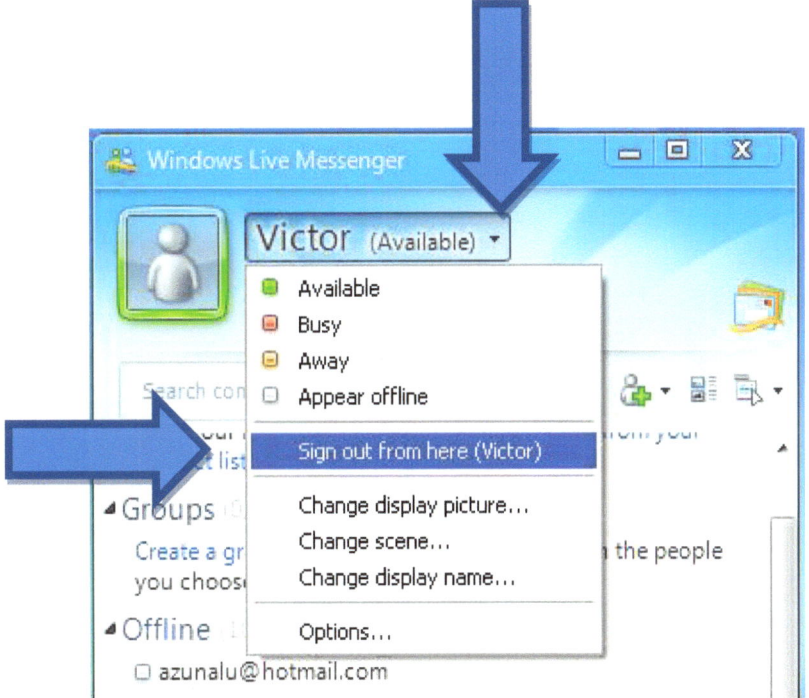

b. Click en **Salir** (Sign out from here)

7. REDES SOCIALES

Uno de los usos más populares del Internet en nuestros días es el de las llamadas "redes sociales".

Una red social se define como un grupo de personas relacionadas por un interés común. Éste puede ser de tipo educativo, familiar, deportivo, religioso, artístico o político.

En Internet hay varias páginas que sirven como espacio para establecer redes sociales.

7.1 Facebook, una red social

7.1.1 ¿Cómo funciona?

Las personas se registran para tener una página personal e invitan a otras personas a ser sus "amigos". De esta manera se va formando su red para comunicarse y compartir información.

a. Registro, abrir la página www.facebook.com

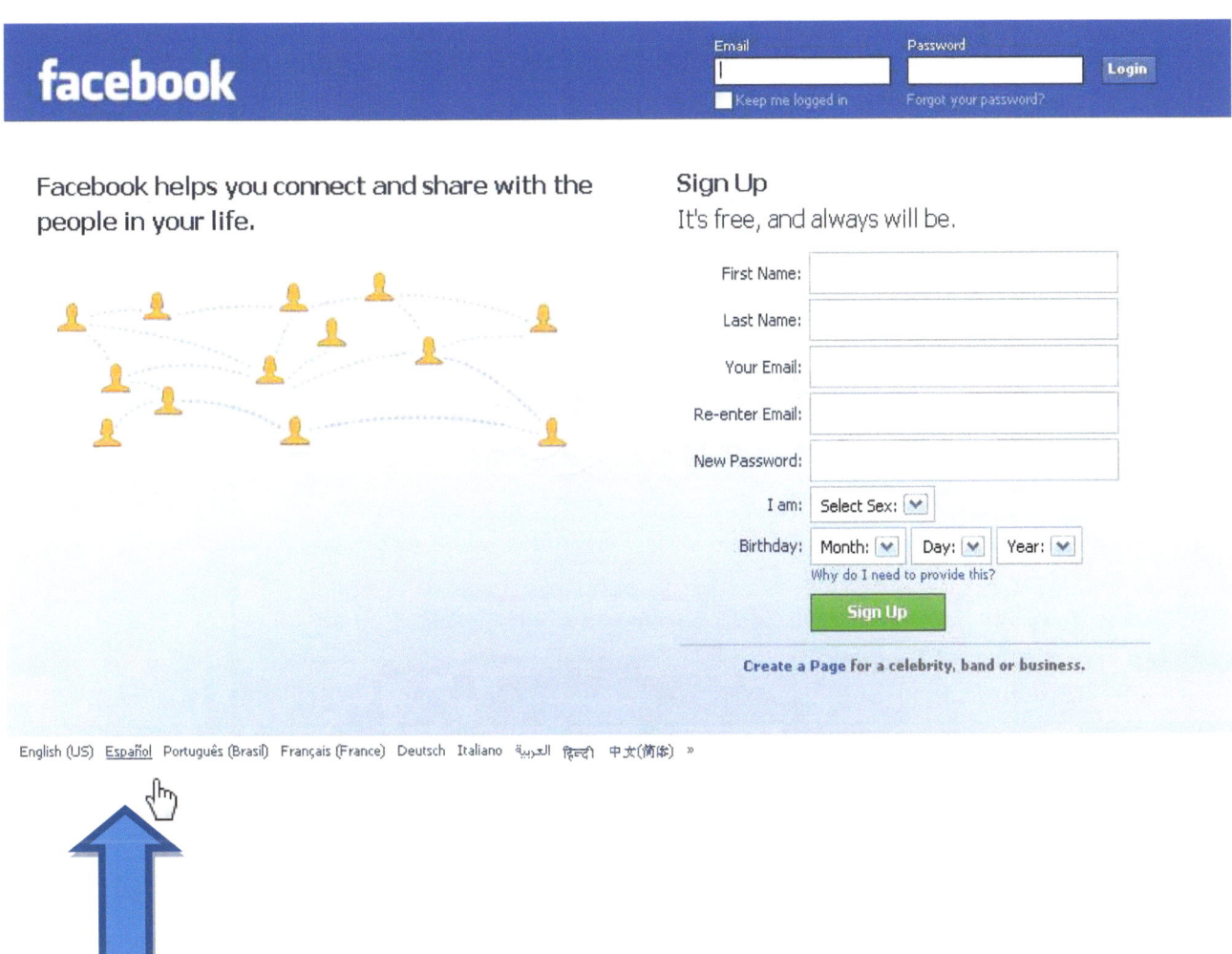

b. Click en **Español**, para cambiar idioma, si se prefiere

c. Anotar los datos que se piden.

Facebook te ayuda a comunicarte y compartir con las personas que conoces.

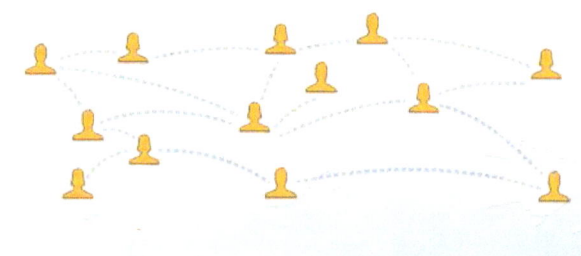

Regístrate
Es gratis (y lo seguirá siendo).

Nombre:	Victor
Apellidos:	Almazan
Tu Dirección de correo electrónico:	viclmzn@gmail.com
Escribe de nuevo el Dirección de correo electrónico:	viclmzn@gmail.com
Contraseña nueva:	●●●●●●●●
Sexo:	Selecciona el sexo: ▾
Fecha de nacimiento:	Día: ▾ Mes: ▾ Año: ▾

¿Por qué debo proporcionar esta información?

Regístrate

d. Click en **Regístrate**

e. Anotar las palabras de seguridad

Facebook te ayuda a comunicarte y compartir con las personas que conoces.

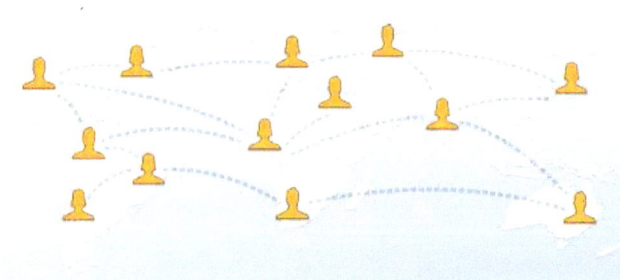

Regístrate
Es gratis (y lo seguirá siendo).

Control de seguridad
Escribe **las dos palabras** que aparecen a continuación, **separadas por un espacio**.
¿No puedes leerlas? Prueba con otras palabras o un CAPTCHA de audio.

defusing one

Texto que se muestra en la imagen: defusing one

◀ Volver   **Regístrate**

f. Click en **Regístrate**

g. Los siguientes 4 pasos son para terminar el registro, pero se pueden omitir y hacerlo mas tarde. Paso 1 aceptar las sugerencias de amigos. Click en **Continuar** o en **Omitir.**

h. Paso 2, buscar amigos a través de direcciones de correo electrónico. Anotar la dirección de correo electrónico y dar click en **Buscar amigos** o en **Saltar este paso**, si no se quiere hacerlo.

i. Paso 3, anotar información del perfil y click en **Guardar y continuar** o en **Omitir**

j. Paso 4, cargar una foto en caso de tenerla en la computadora y click en **Guardar y continuar** o click en **Omitir**

Después de terminar esos pasos, su página estará lista.

El **Muro** es el espacio donde se publican los mensajes y se comparte información como páginas de Internet, fotos y videos.

a. Escribir el mensaje en el recuadro con la leyenda **¿Qué estás pensando?** Y click en **Compartir**

7.2 AGREGAR AMIGOS

Los amigos que quiera agregar para compartir información deben tener también su página en Facebook.

Hay dos maneras de agregarlos: buscándolos a través de su correo electrónico o por su nombre.

a. Click en **Amigos**

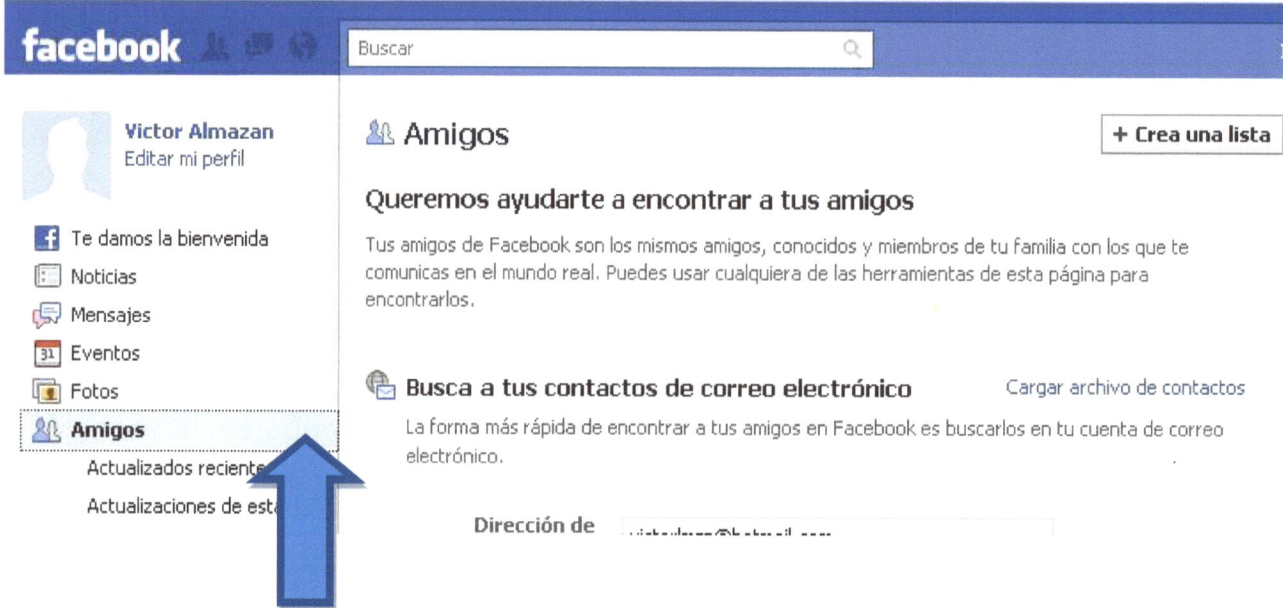

b. Anotar nombre o correo electrónico de la persona que se busca. Click en **Buscar**.

c. Al abrirse la página con los resultados, buscar a la persona indicada, click en **Agregar a mis amigos**.

d. Para que una persona sea su amigo debe aceptar una invitación. Click en **Enviar solicitud**.

e. Se abrirá una ventana confirmando que la solicitud fue enviada. Click en **Cerrar**.

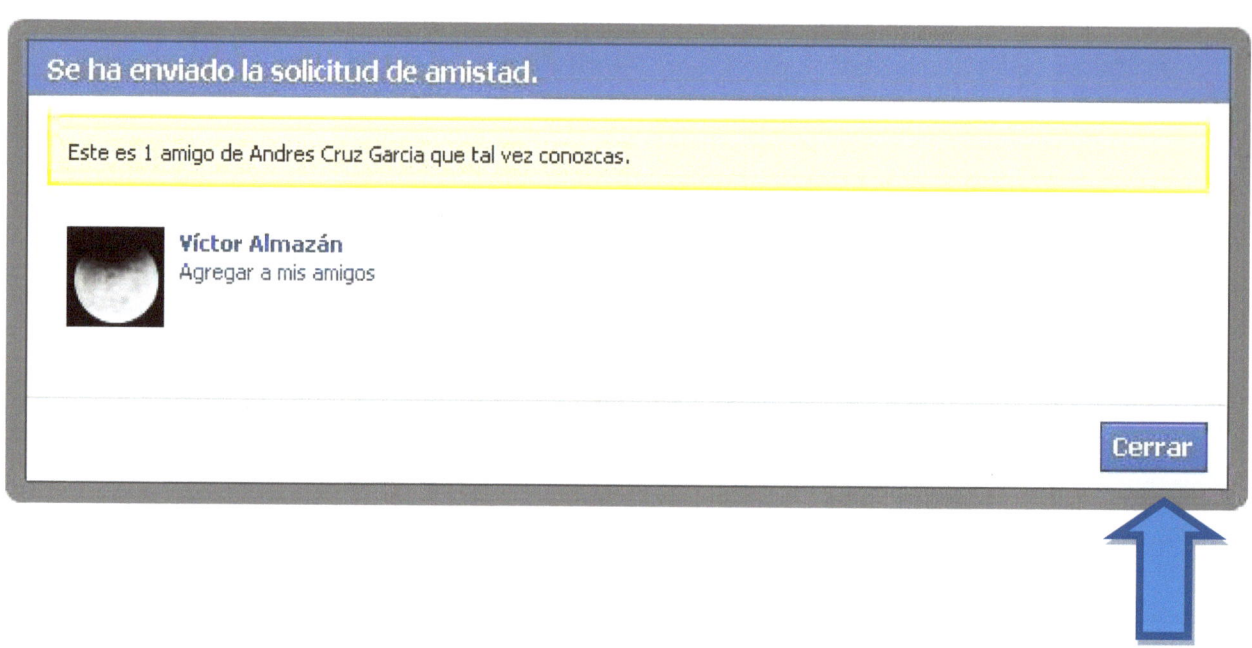

f. Después recibirá una notificación señalando si la persona aceptó o no su invitación.

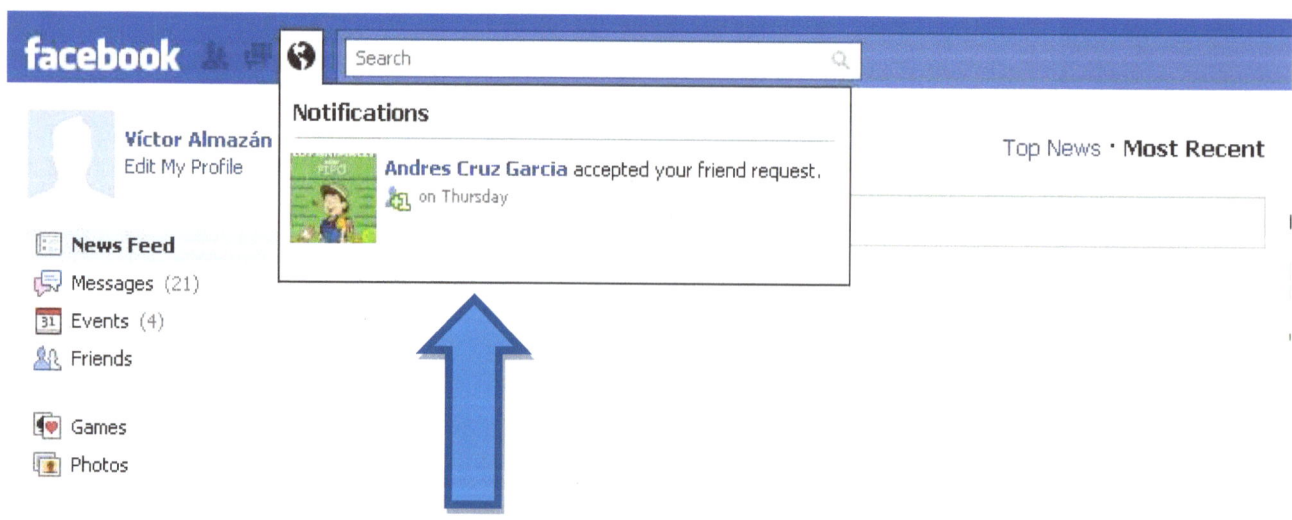

7.3 CONFIGURAR PRIVACIDAD

a. Click en **Cuenta**

b. Click en **Configuración de la privacidad**

c. Elegir quien puede ver la información en cada sección de su página

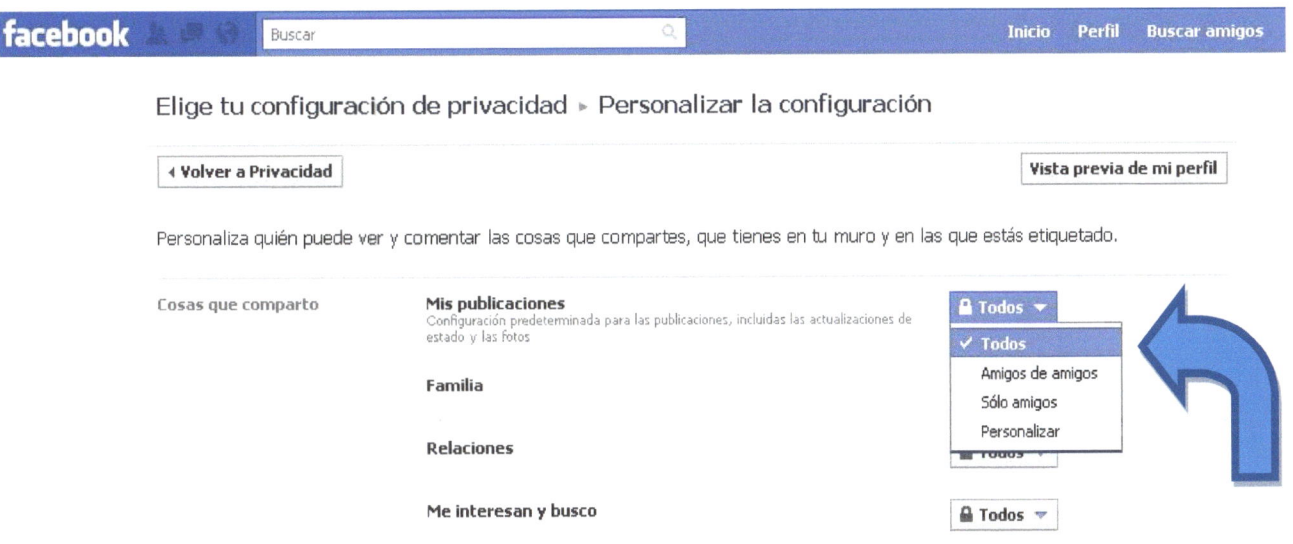

Hay una modalidad que permite determinar quien puede ver la información que compartimos en nuestro **Muro** al momento de colocarla

Aparece esta leyenda junto al el candado de la privacidad, **Nuevo control de seguridad**. Funciona igual a como lo hicimos arriba.

7.4 CONFIGURACIÓN DE LA CUENTA

Esta función nos permite hacer cambios en los datos que pusimos, por ejemplo nombre, dirección de correo electrónico, etc.

a. Click en **Cuenta**

b. Click en **Configuración de la cuenta**

c. Click en **Cambiar** para modificar los datos que se desean.

7.5 GRUPOS Y PÁGINAS DE ORGANIZACIONES

Facebook permite a grupos y organizaciones tener una página para difundir sus actividades.

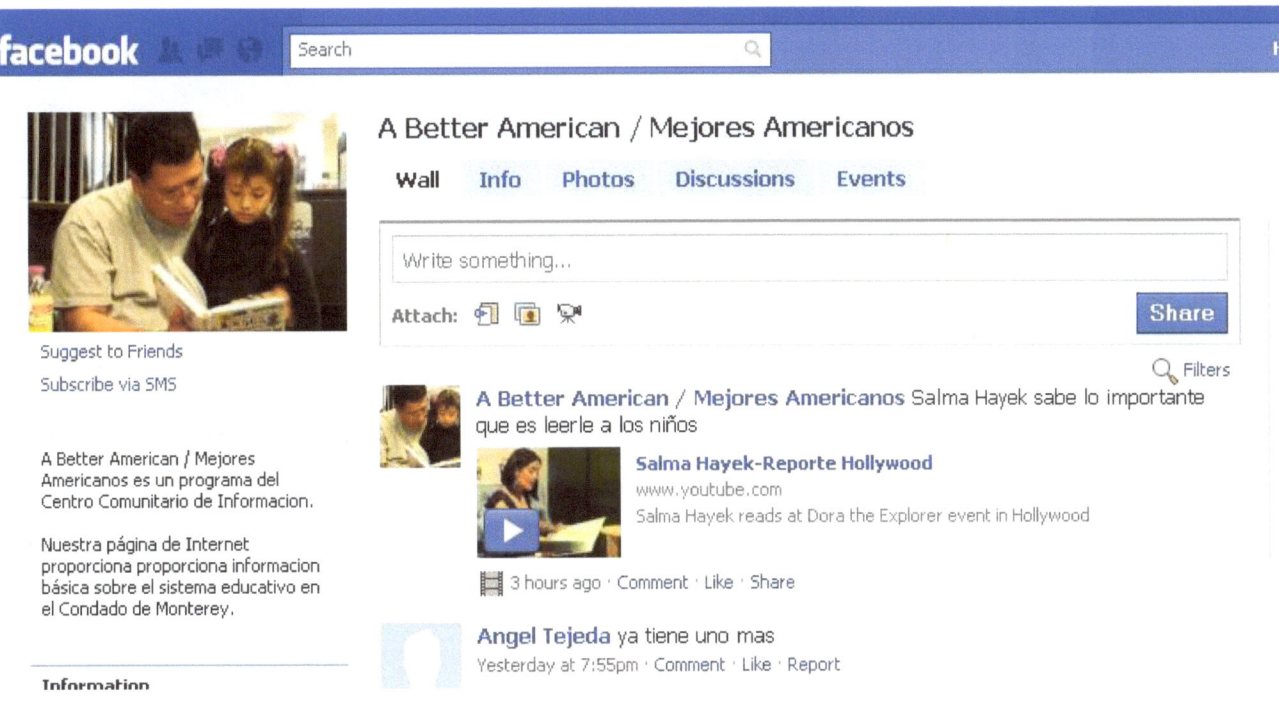

a. Click en **Me gusta** para que la información de esa página también sea colocada en su muro.

7.6 INICIAR SESIÓN EN FACEBOOK

Para iniciar sesión ya no se requiere escribir los datos que pusimos en el registro.

a. Escribir dirección de correo electrónico y la contraseña.

b. Click en **Entrar**

7.7 CERRAR SESIÓN

a. Click en **Cuenta**

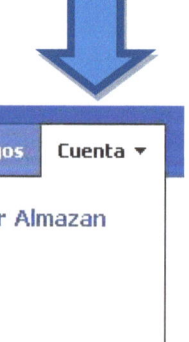

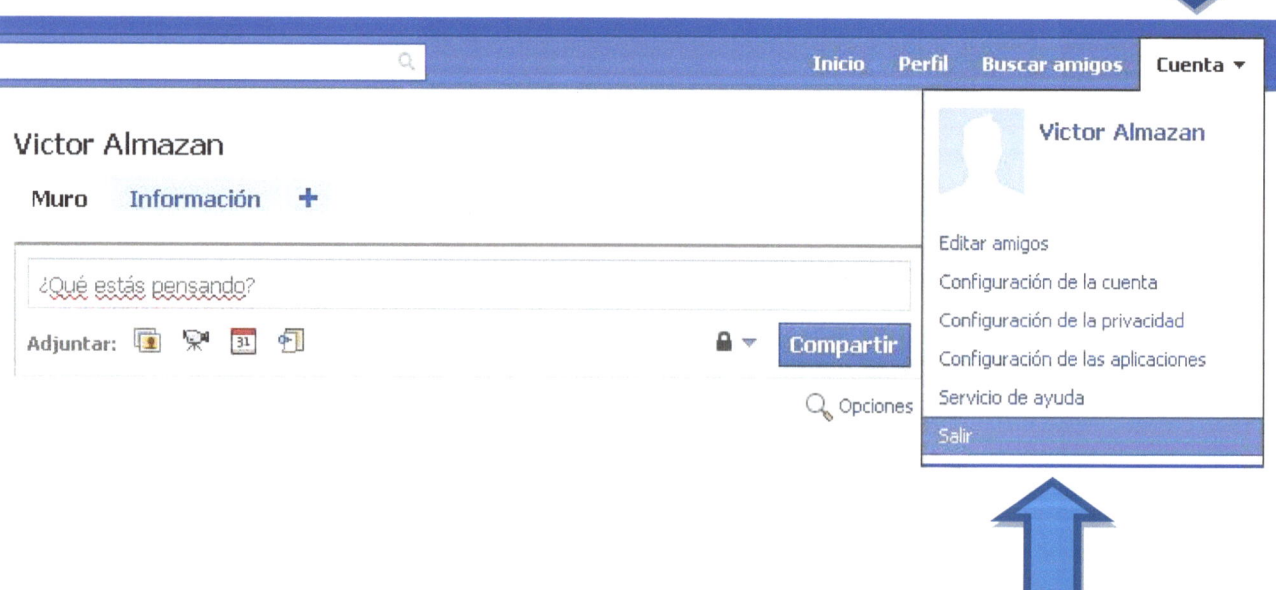

b. Click en **Salir**

7.8   CANCELAR LA CUENTA

En caso de que no esté usted seguro de tener esta página, el modo de cancelarla
es el siguiente:

a. Click en **Cuenta**

b. Click en **Configuración de la cuenta**

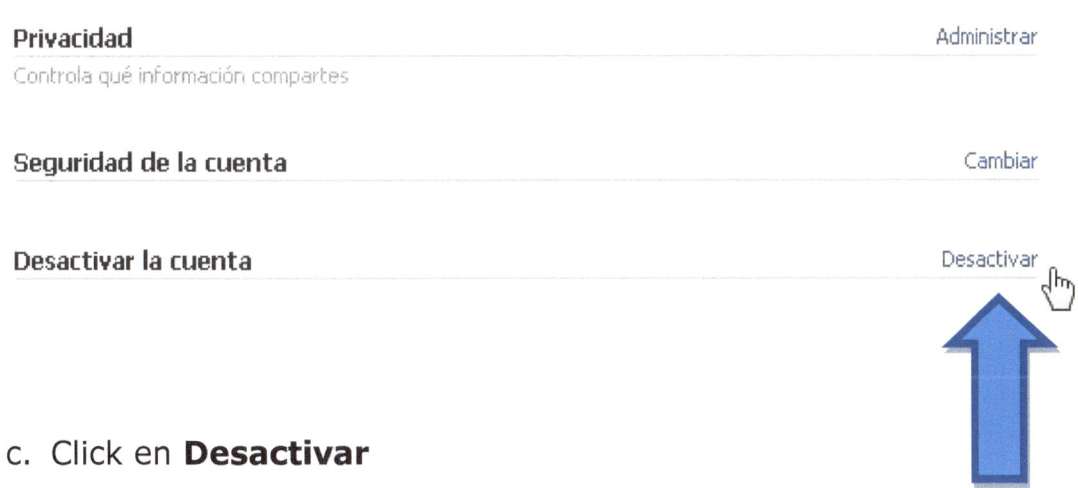

c. Click en **Desactivar**

Se abrirá una ventana preguntando si está usted seguro que quiere cancelar la
cuenta.

d. Click en **Confirmar**

8.   BLOGS

8.1 ¿QUÉ ES UN BLOG?

Un blog es una página en Internet donde una persona escribe una especie de diario comentando sucesos que acontecen a su alrededor.

Los blogs pueden ser temáticos: literarios, políticos, artísticos, religiosos, o para narrar las peripecias de un viaje.

8.2 CARACTERÍSTICAS DE LOS BLOGS

a. **Entradas** son los cometarios que el autor del blog escribe en el blog

LUNES 16 DE AGOSTO DE 2010

vacaciones

No hay conexión donde estoy. He venido un momento para esta breve señal y para que no se sigan acumulando mensajes en la entrada anterior que, como uds saben, cuando pasan de 200 se hace un lío seguirlos. Imprimiré todo para leerles en los días siguientes. Estaré aquí una horitas y cuando me vaya haré otro pase. Hasta entonces, saludos a todos.

Publicado por Silvio Rodríguez Domínguez en 14:29   31 comentarios

SEGUIDORES

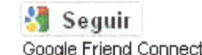 Seguir
Google Friend Connect

Seguidores (2947) Más »

b. **Comentarios** de las personas que leen el blog

 Mario dijo...

un buen descanso!!! hace bien para reiniciar,,, la pausa nos hace retornar a nuestras raíces

16 de agosto de 2010 15:16

 Kareni dijo...

Un abrazo, Silvio. Y descansá!

16 de agosto de 2010 15:17

c. **Perfil** con los datos del autor

DATOS PERSONALES

SiMo

Rodríguez Domínguez

Trovador, hijo de
Dagoberto y Argelia,
nacido el 29 de
noviembre de 1946 en
San Antonio de los
Baños, Cuba.

Ver todo mi perfil

ARCHIVO DEL BLOG

▼ 2010 (60)

  ▼ agosto (5)

    vacaciones

    escuela
      latinoamericana
      de medicina

    gato

    la lucha continúa

    3 de agosto

  ▶ julio (24)

  ▶ junio (22)

  ▶ mayo (9)

d. **Archivo** para consultar las "entradas" anteriores

e. Algunos blogs incluyen **enlaces** a otros blogs

us prendas se vienen conmigo, otras prefieren
e mi piel como si siempre hubieran vivido ahí. Esos
mezclilla que ahora usaré con tacones de charol, y
de lona que me encanta usar con tus pantalones
a sudadera color gris. Todo es tuyo, todo siento que
me hace sentir bien.

ıtir lo que verdaderamente no me compete. Llego a
fectamente tendida, que parece como si fuera de
el, a inventarme cosas que hacer; a pensar qué me
nañana, cómo me voy a arreglar el pelo debajo de
ɔr púrpura que me regalaste hoy por la tarde.

naravillosa soledad de grillos que cantan detrás de
ɹe un gato que me mira desde la esquina de mi

MI RECOMENDACIÓN

🅱 **Lorenzo Meyer - Agenda
Ciudadana**
'Ni independencia ni revolución'
Hace 5 meses

🅱 **Correo de H-México**
Homenaje a Carmen Viqueira
Hace 1 día

🅱 **elizabethrossmx blog
project**
de poesía y ruquis
Hace 6 días

Ⓦ **Clíotropos**
Un "paseo virtual" por la
Biblioteca Nacional de
Antropología e Historia
Hace 1 semana

Nuestro interés es que usted se anime a **publicar un blog** en Internet comentando aspectos relacionados con la **educación** de sus hijos.

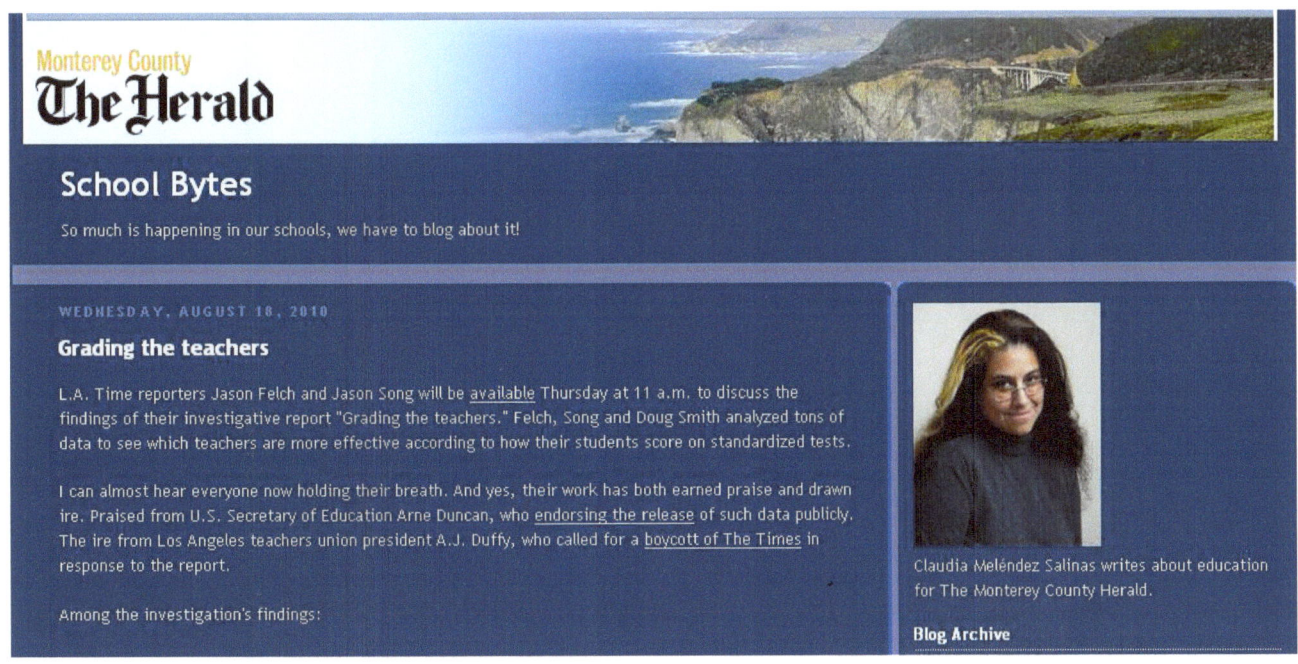

7.3 CÓMO PUBLICAR UN BLOG EN INTERNET

Hay varias páginas donde se puede publicar un blog gratis en Internet.

Lo haremos en **Blogger** por ser una de las páginas más fáciles de usar.

a. Abrir la página www.blogger.com

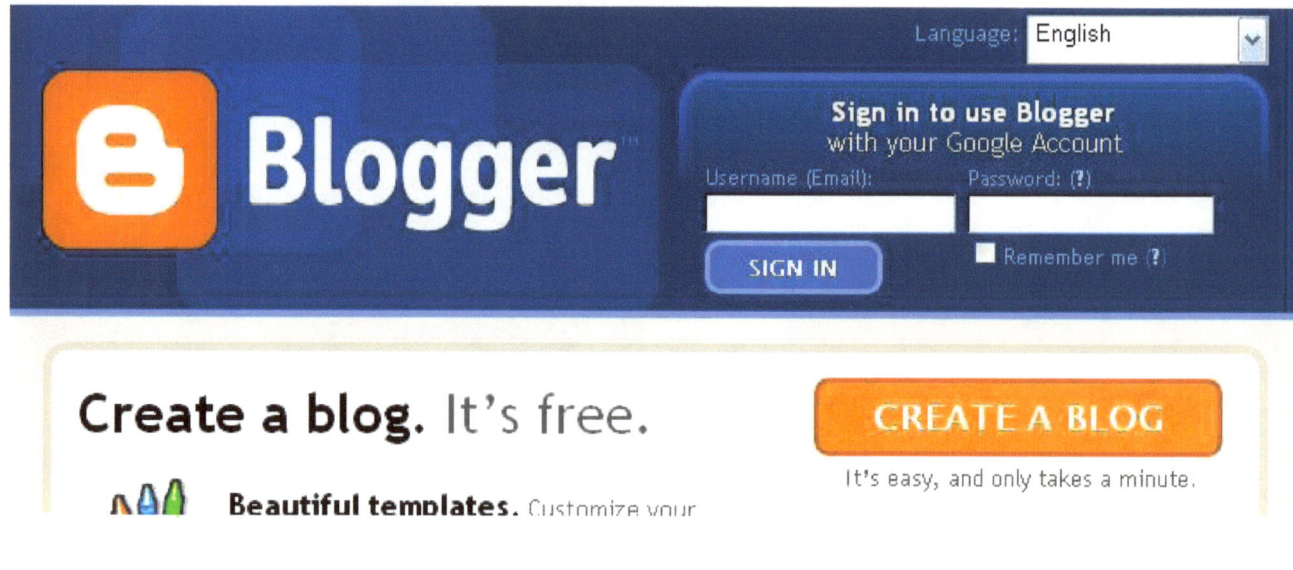

b. Cambiar idioma si se desea

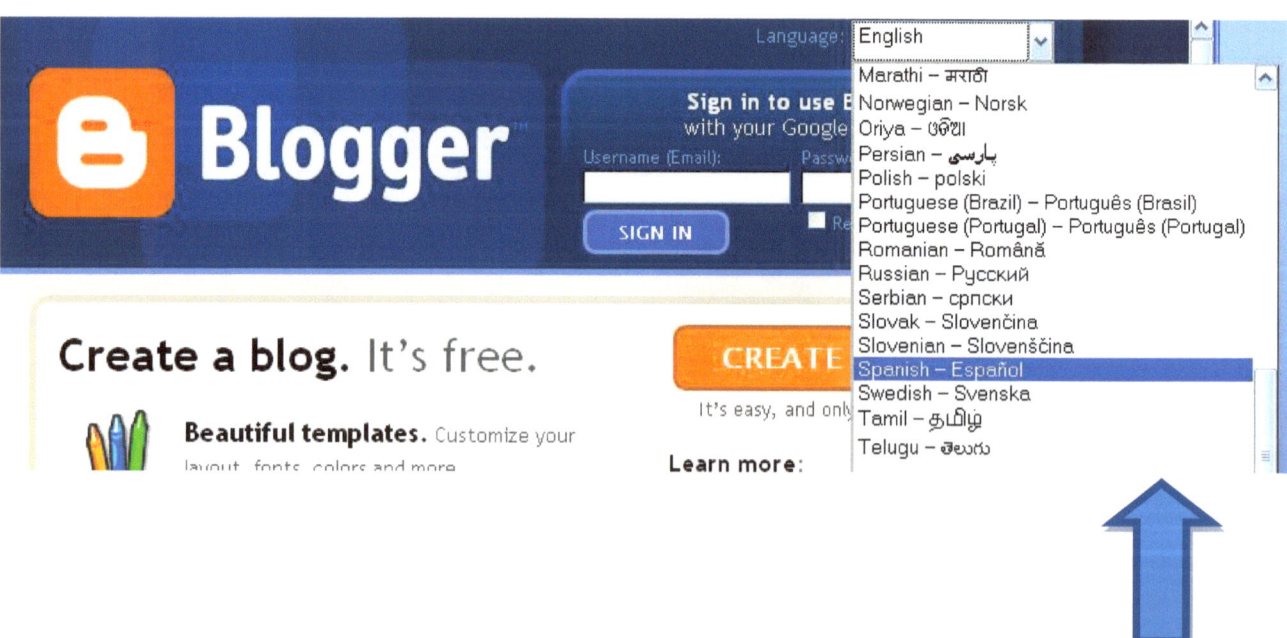

c. Click en **Crear un blog**

d. Anotar la información que se pide o ingresar con su cuenta de Google.

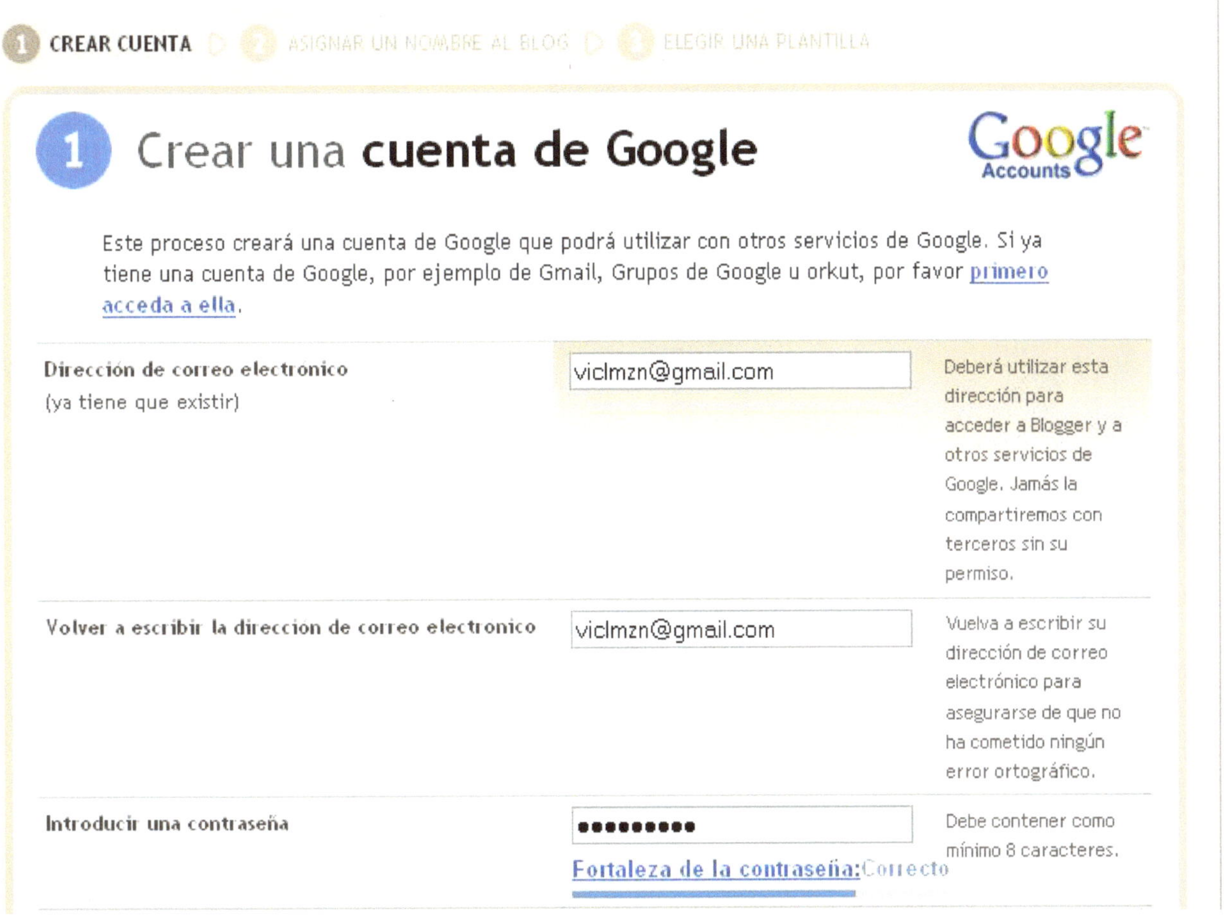

CREAR CUENTA › ② ASIGNAR UN NOMBRE AL BLOG › ③ ELEGIR UNA PLANTILLA

① Crear una **cuenta de Google**

Este proceso creará una cuenta de Google que podrá utilizar con otros servicios de Google. Si ya tiene una cuenta de Google, por ejemplo de Gmail, Grupos de Google u orkut, por favor primero acceda a ella.

Dirección de correo electrónico (ya tiene que existir)	viclmzn@gmail.com	Deberá utilizar esta dirección para acceder a Blogger y a otros servicios de Google. Jamás la compartiremos con terceros sin su permiso.
Volver a escribir la direccion de correo electronico	viclmzn@gmail.com	Vuelva a escribir su dirección de correo electrónico para asegurarse de que no ha cometido ningún error ortográfico.
Introducir una contraseña	••••••••• Fortaleza de la contraseña:Correcto	Debe contener como mínimo 8 caracteres.

Verificación de la palabra	heralaben	Escriba los caracteres que se ven en la imagen de la izquierda.
Aceptacion de las condiciones	☑ Acepto las **Condiciones del servicio**.	Indique que ha leído y comprende las condiciones de servicio de Blogger.

CONTINUAR

e. Click en **Continuar**

f. Escriba el nombre que quiere para su blog. Compruebe que la dirección del blog (URL) esté disponible.

① CREAR CUENTA   ② **ASIGNAR UN NOMBRE AL BLOG**   ③ ELEGIR UNA PLANTILLA

② Asignar un nombre al blog

Titulo del blog	Padres haciendo la tarea
	El título de tu blog aparecerá en el blog publicado, en el escritorio y en el perfil.
Direccion del blog (URL)	http:// padreshaciendolatarea .blogspot.com
	Comprobar la disponibilidad
	Esta dirección de blog está disponible.
	La URL que selecciones es la que utilizarán los usuarios para acceder a tu blog. **Más información**

CONTINUAR

g. Click en **Continuar**

h. Elija una plantilla para su blog. Las plantillas son diseños donde ya sólo se necesita colocar la información.

i. Click en **Continuar**

j. Escribir la "**Entrada**" con su título

Es recomendable escribir el texto en un documento Word y después sólo copiar y pegarlo.

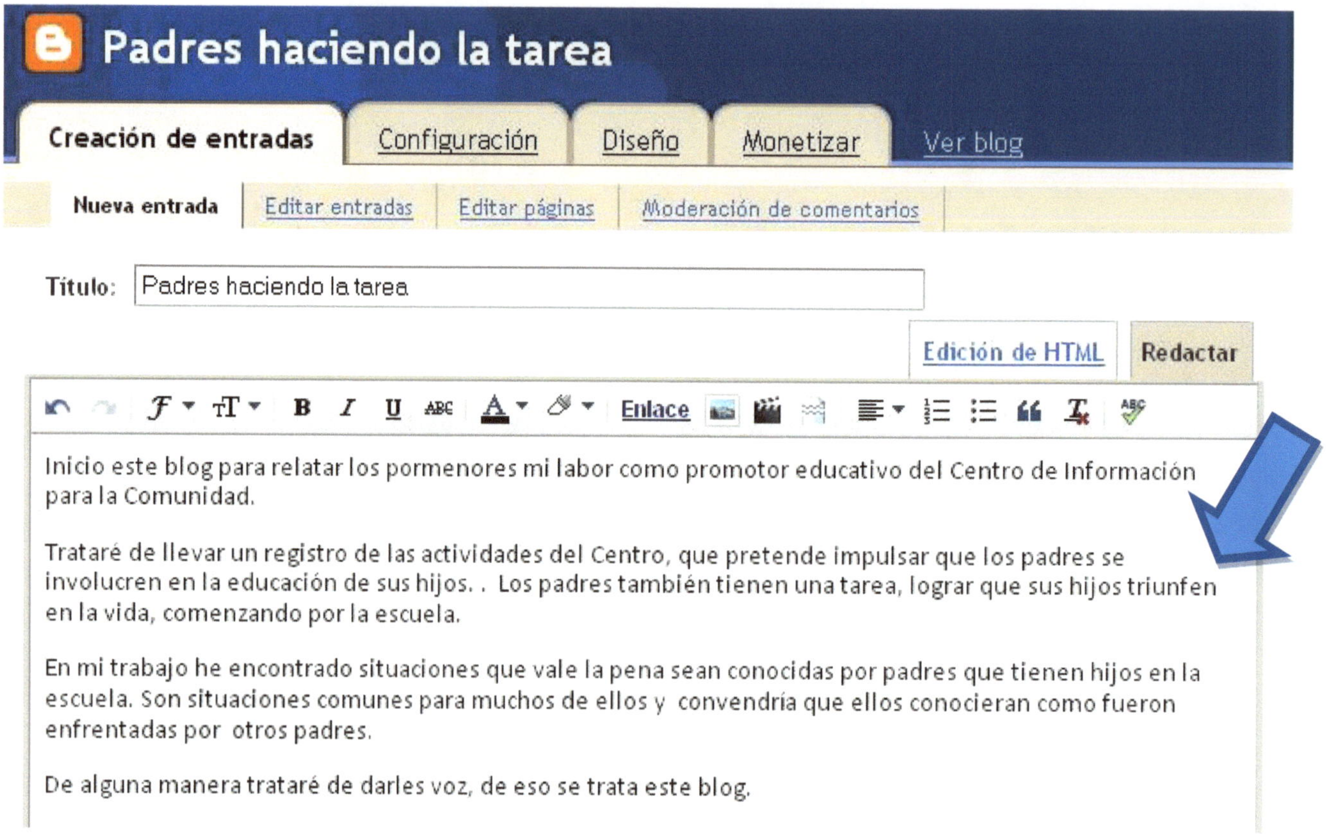

Padres haciendo la tarea

Creación de entradas | Configuración | Diseño | Monetizar | Ver blog

Nueva entrada | Editar entradas | Editar páginas | Moderación de comentarios

Título: Padres haciendo la tarea

Edición de HTML | Redactar

Inicio este blog para relatar los pormenores mi labor como promotor educativo del Centro de Información para la Comunidad.

Trataré de llevar un registro de las actividades del Centro, que pretende impulsar que los padres se involucren en la educación de sus hijos. . Los padres también tienen una tarea, lograr que sus hijos triunfen en la vida, comenzando por la escuela.

En mi trabajo he encontrado situaciones que vale la pena sean conocidas por padres que tienen hijos en la escuela. Son situaciones comunes para muchos de ellos y convendría que ellos conocieran como fueron enfrentadas por otros padres.

De alguna manera trataré de darles voz, de eso se trata este blog.

k. Click en el ícono de la foto para insertar una imagen.

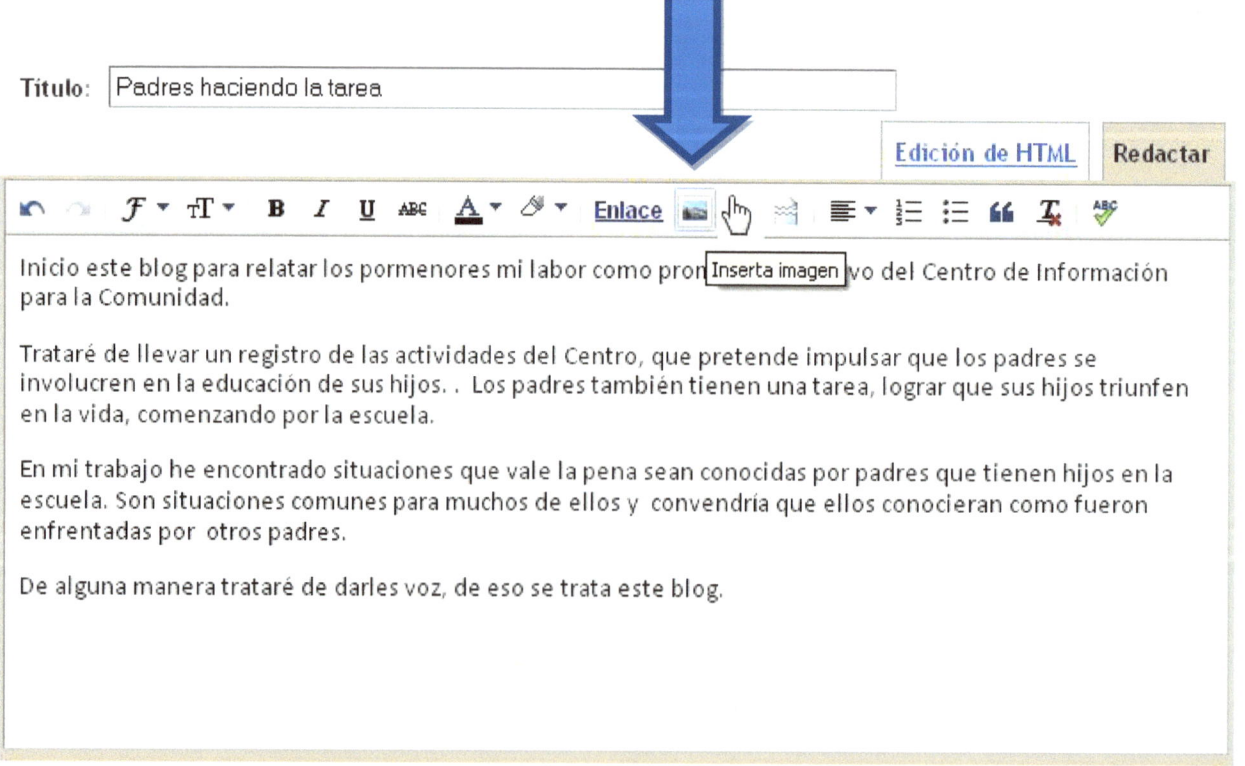

Título: Padres haciendo la tarea

Edición de HTML | Redactar

Inserta imagen

Inicio este blog para relatar los pormenores mi labor como pron vo del Centro de Información para la Comunidad.

Trataré de llevar un registro de las actividades del Centro, que pretende impulsar que los padres se involucren en la educación de sus hijos. . Los padres también tienen una tarea, lograr que sus hijos triunfen en la vida, comenzando por la escuela.

En mi trabajo he encontrado situaciones que vale la pena sean conocidas por padres que tienen hijos en la escuela. Son situaciones comunes para muchos de ellos y convendría que ellos conocieran como fueron enfrentadas por otros padres.

De alguna manera trataré de darles voz, de eso se trata este blog.

l. Click en **Buscar (Browse)**

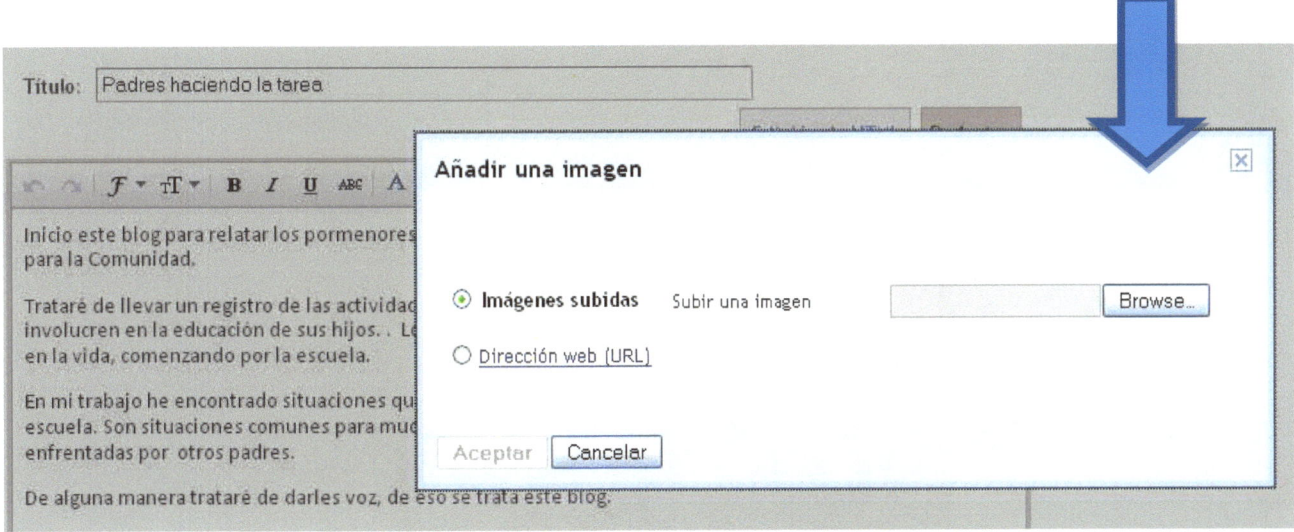

m. Después de elegir la foto donde la tiene almacenada, click en **Aceptar**

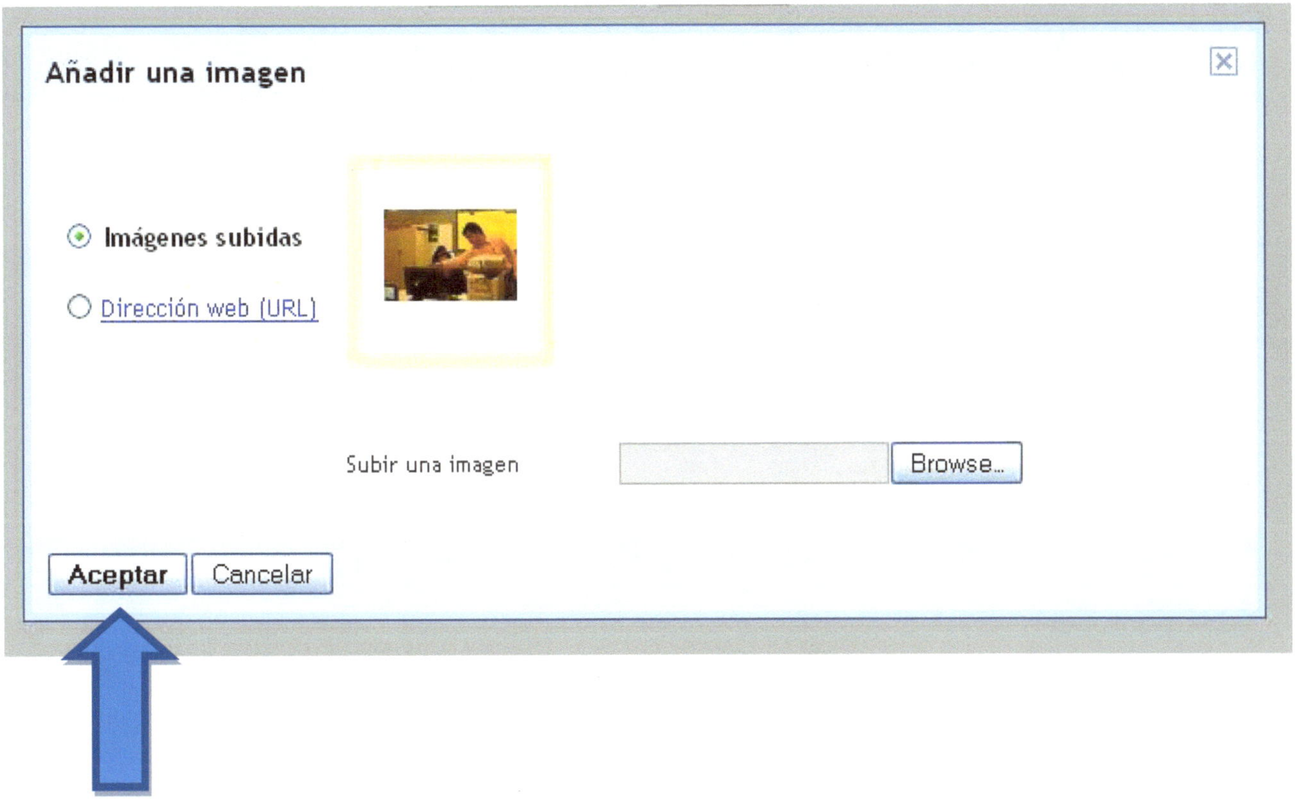

Añadir una imagen   ☒

⊙ **Imágenes subidas**

○ Dirección web (URL)

Subir una imagen   [   ] Browse...

[Aceptar] [Cancelar]

n. Ya tiene texto y foto, click en **Publicar entrada**

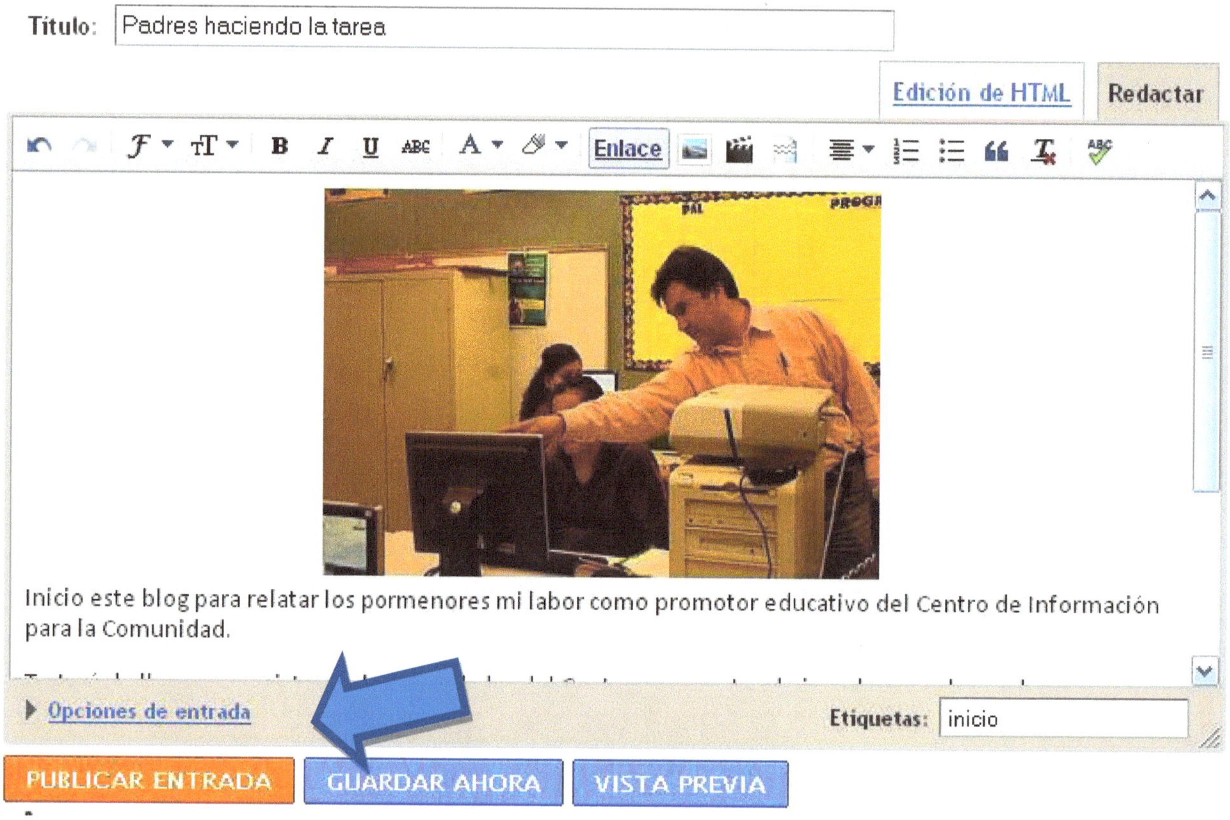

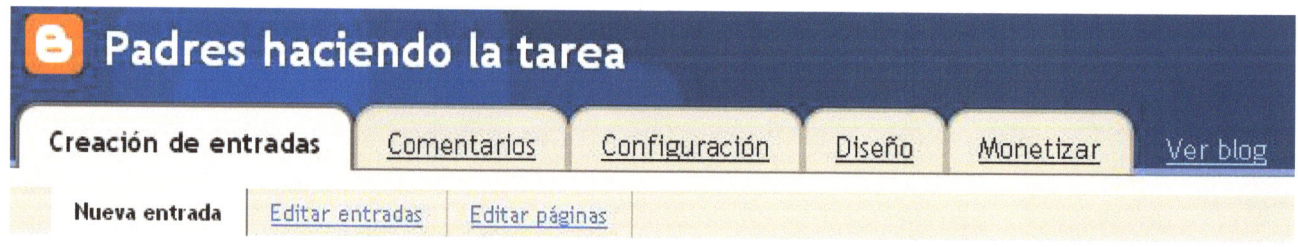

o. Click en **Ver entrada**

La entrada de tu blog se ha publicado correctamente.

Ver entrada ⊞

¿Deseas modificarla? **Editar entrada** | **Crear una entrada nueva**

p. ¡El blog está ahora publicado en Internet!

7.4 PUBLICAR OTRAS ENTRADAS

a. Abra la página de Blogger

b. Ingrese su nombre de usuario o correo electrónico y clave

c. Click en **Acceder**

d. Click en **Nueva entrada**

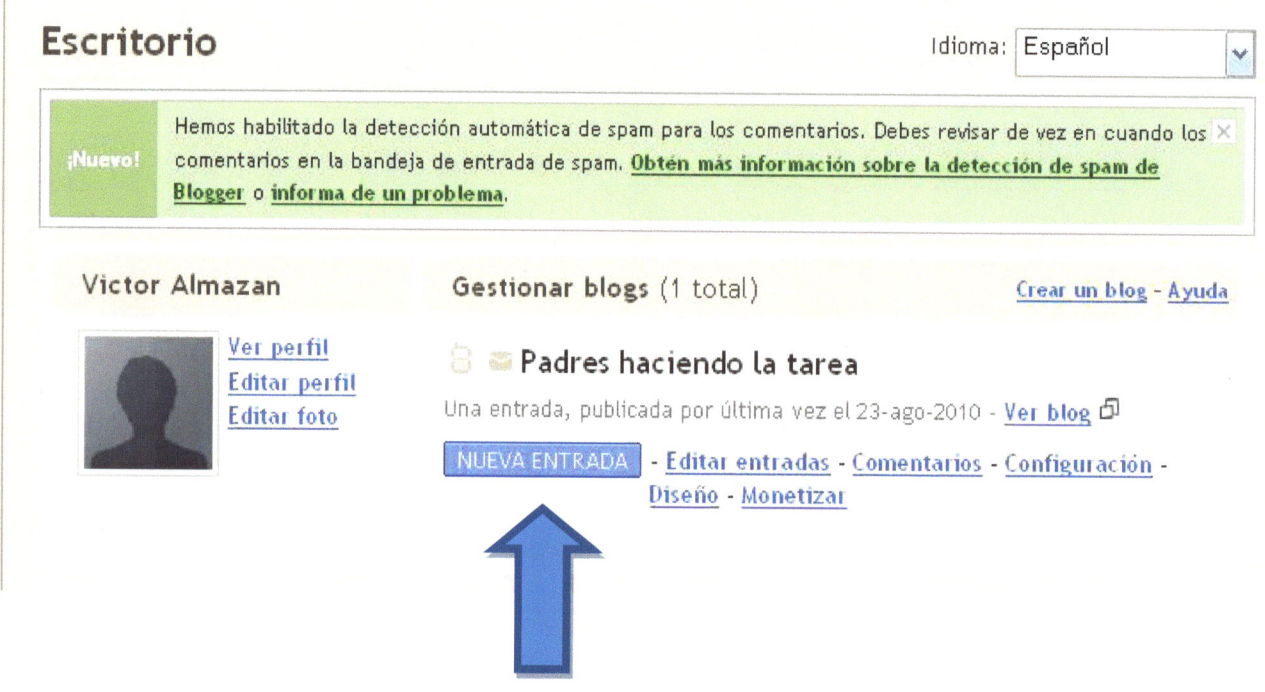

e. Repita los pasos de j a p del punto anterior.

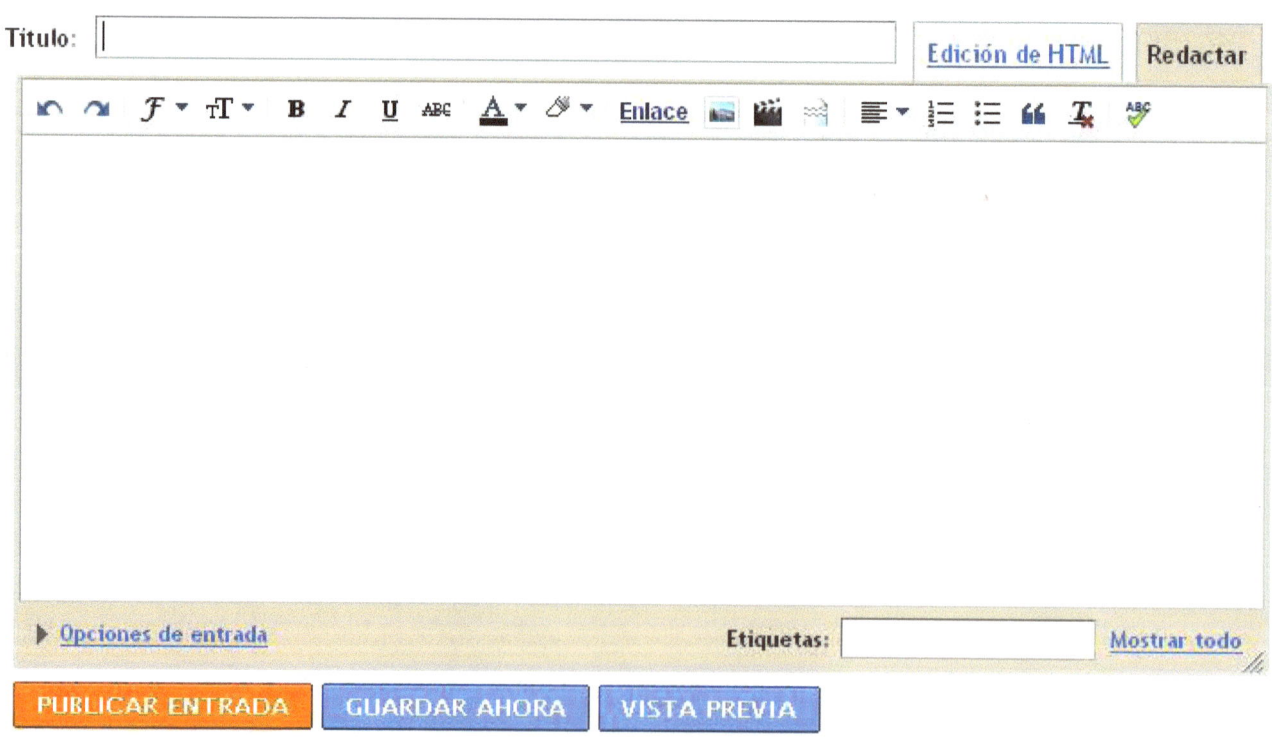

9. DOCUMENTOS EN WORD

Microsoft Office Word es un procesador de texto, programa que sirve para hacer documentos, cartas, reportes, anuncios etc.

9.1 HACER UN DOCUMENTO

a. Abrir el programa, click en **Inicio (Start)** y en el ícono de Word

Si no lo localiza en la ventana de Inicio, haga click en **Todos los programas**

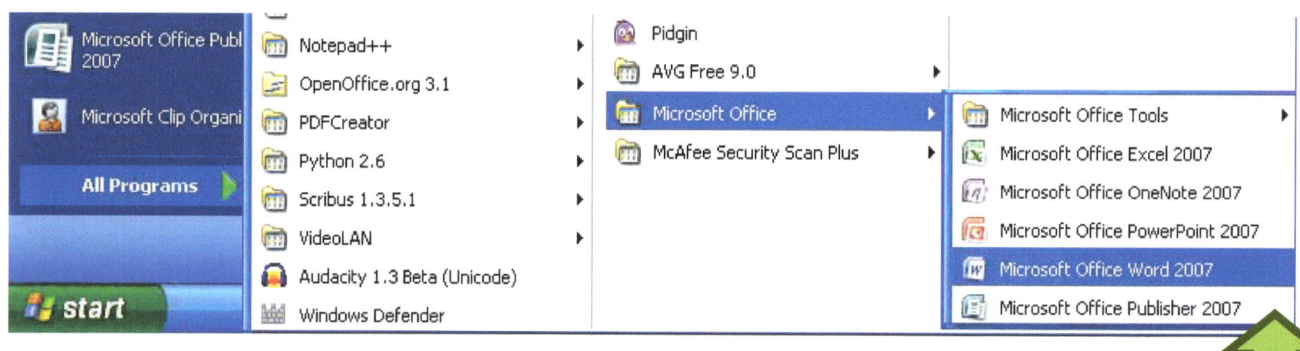

Localice Microsoft **Office** y luego Microsoft Office **Word**

Cada determinado tiempo la empresa cambia el programa, pero se usa de manera similar. Los ejemplos que daré aquí serán usando la versión **2007**.

Al abrir el programa, la imagen que tendremos enfrente es la de una hoja en blanco lista para usarse.

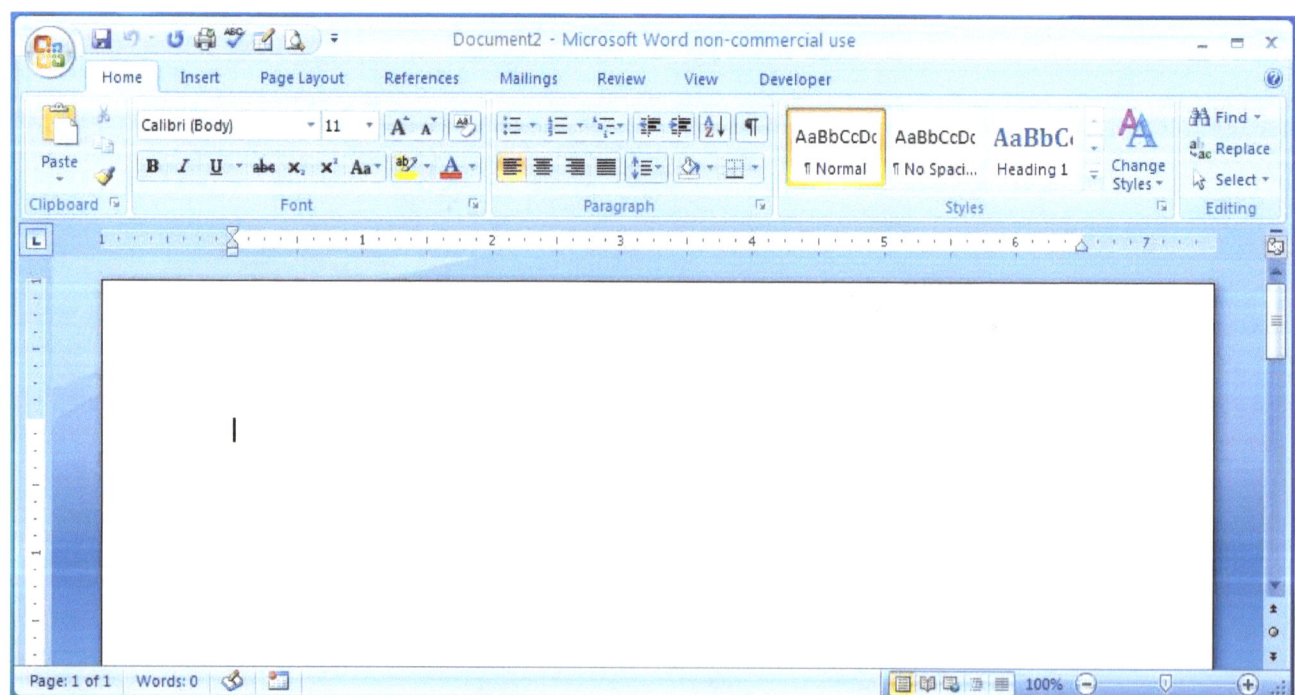

b. Usando el teclado, introduzca el texto de su documento.

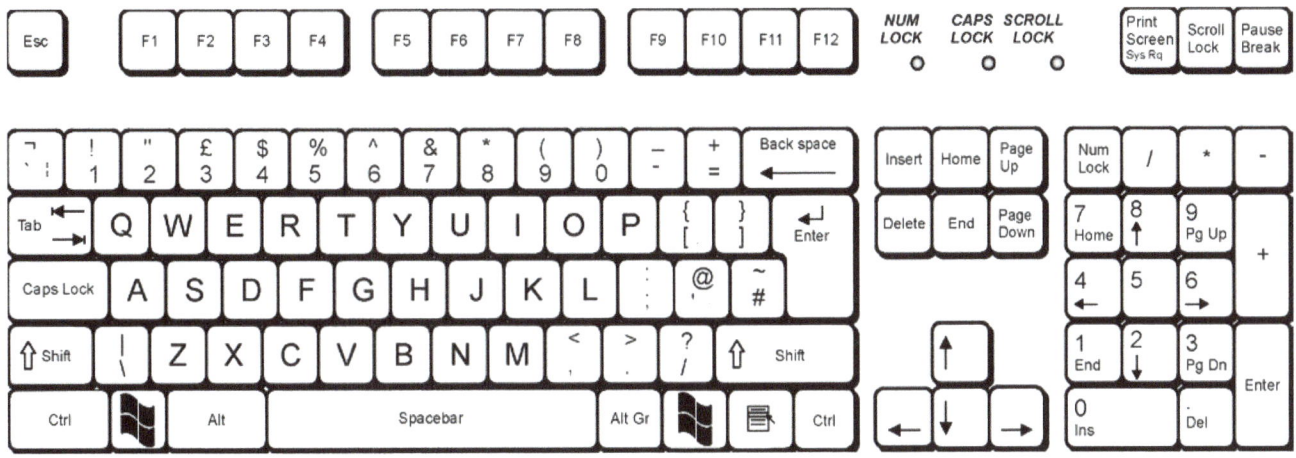

- Presione **Enter** para abrir otro renglón
- **Backspace** sirve para retroceder un espacio o **borrar** un caracter.
- **Spacebar** es para dar un espacio.
- Para mayúsculas presione **Caps Lock**
- Presione **Shift** para ingresar el caracter en la parte superior de la tecla.

Si su teclado está configurado para ser usado con el idioma inglés al final del manual hay un anexo para introducir caracteres como el acento y la tilde de la ñ.

9.2 GUARDAR UN DOCUMENTO

a. Click en el ícono de **Guardar (Save)**

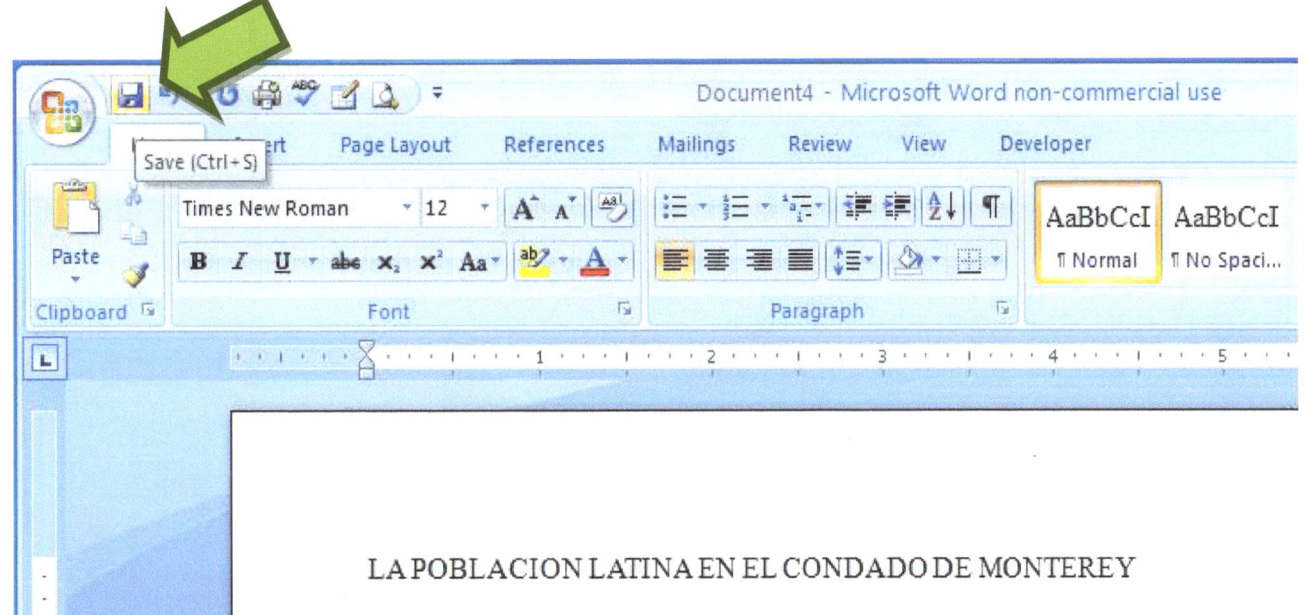

b. Especifique donde quiere guardarlo y el título del documento.

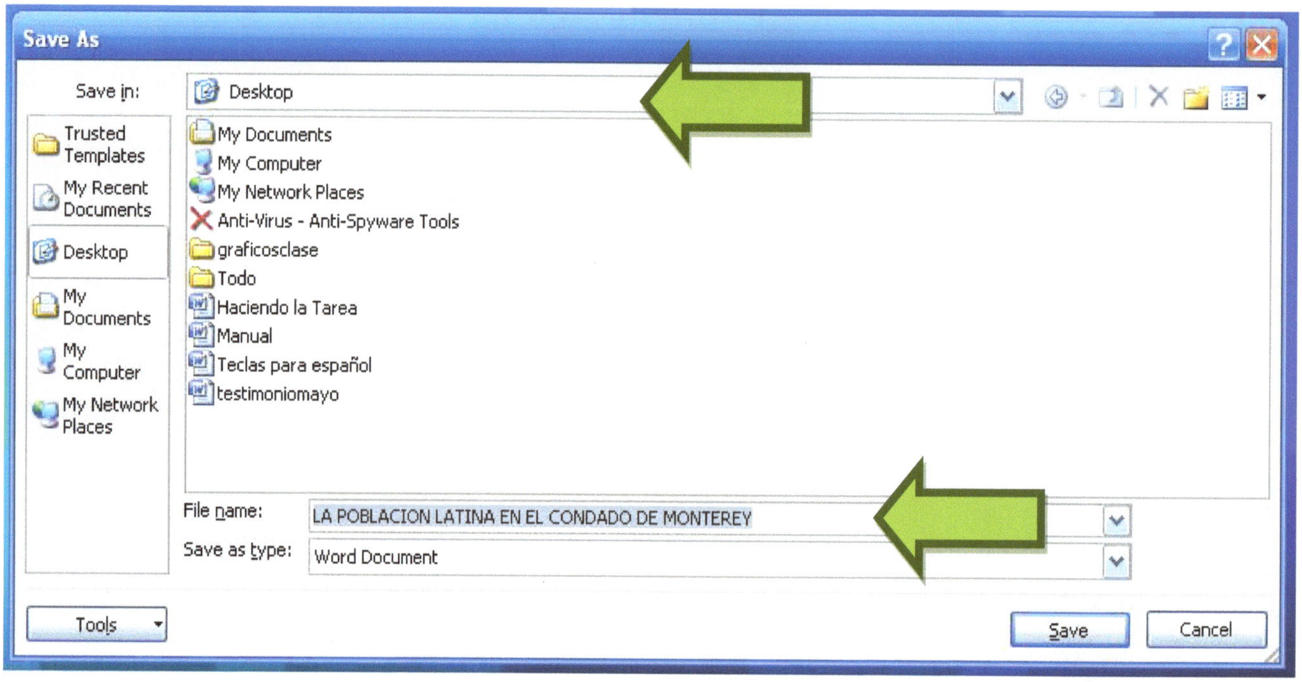

c. Click en **Guardar (Save)**

Su documento debe estar donde usted lo guardó.

9.3 DAR FORMATO A UN DOCUMENTO

La manera en que están colocados texto e imagen en un documento hacen que sea más fácil leerlo.

9.3.1 Cambiar el tipo de letra de un documento

a. Seleccionar el texto que quiere cambiar

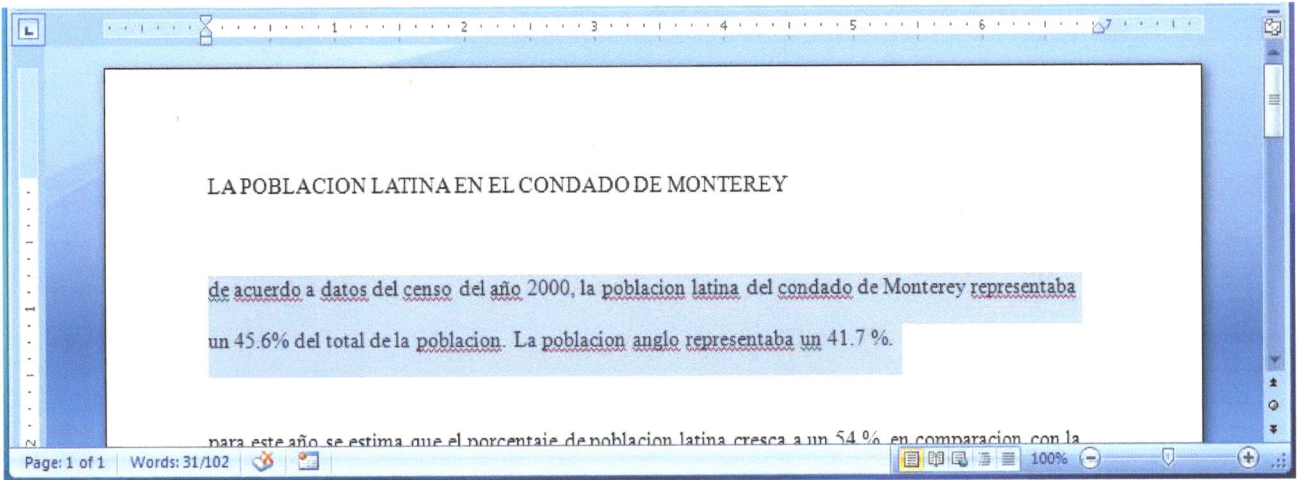

b. Click en la flecha a un lado del nombre del tipo de letra (font) para desplegar el menú de opciones

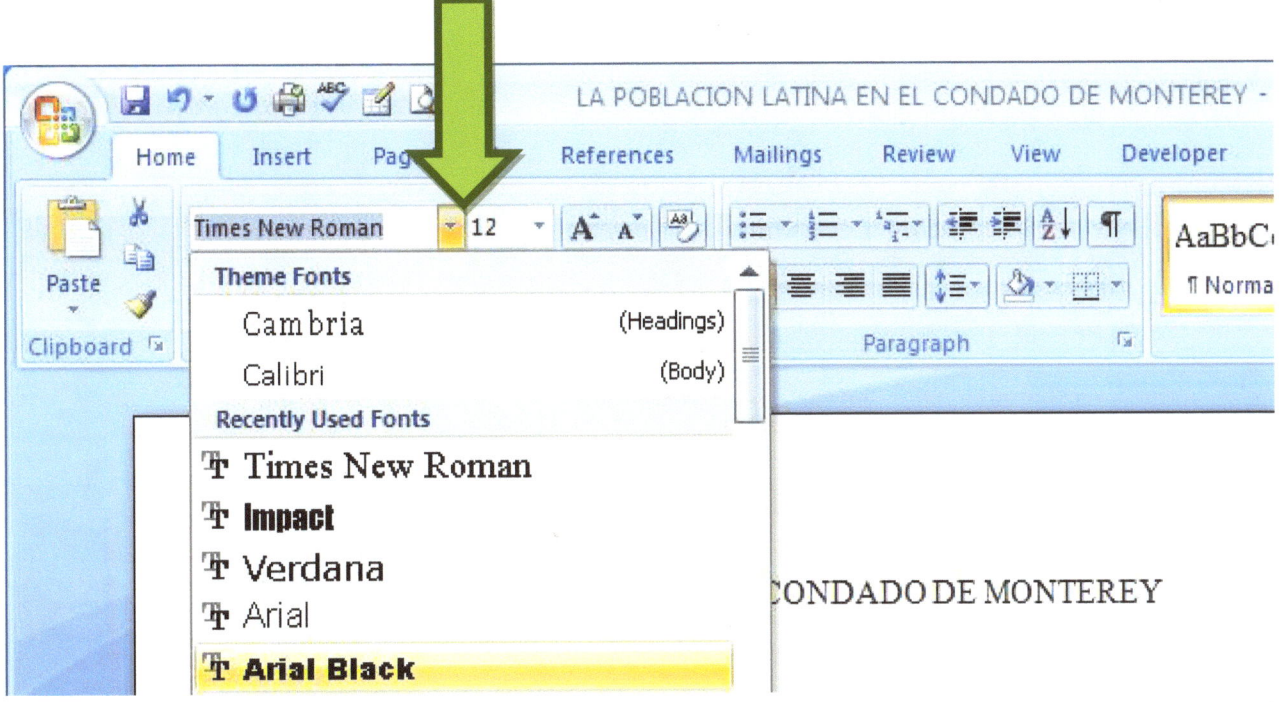

c. Click en el tipo de letra que haya elegido

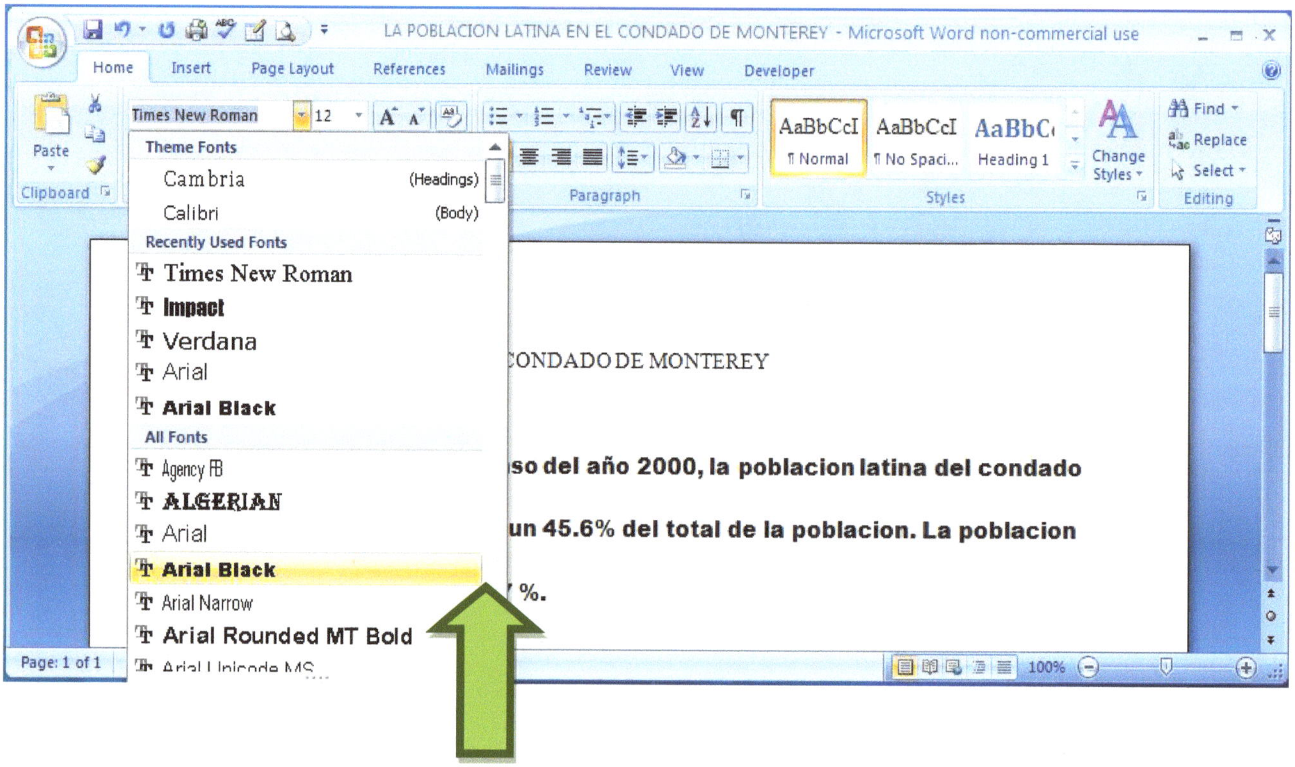

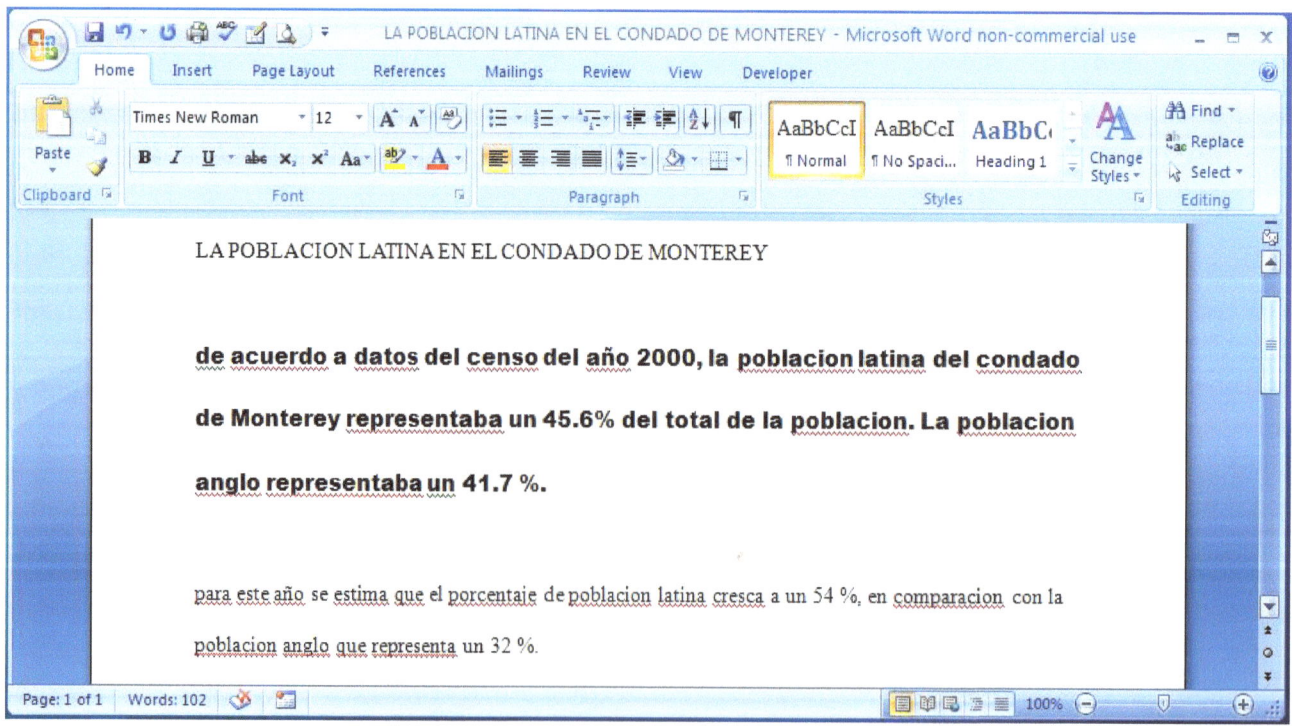

Puede usted cambiar sólo una parte del texto o todo el documento con el mismo tipo de letra.

9.3.2 CAMBIAR EL TAMAÑO DE LA LETRA

Del mismo modo que cambió el tipo de letra, se cambia el tamaño.

a. Seleccione el taxto que quiere cambiar.

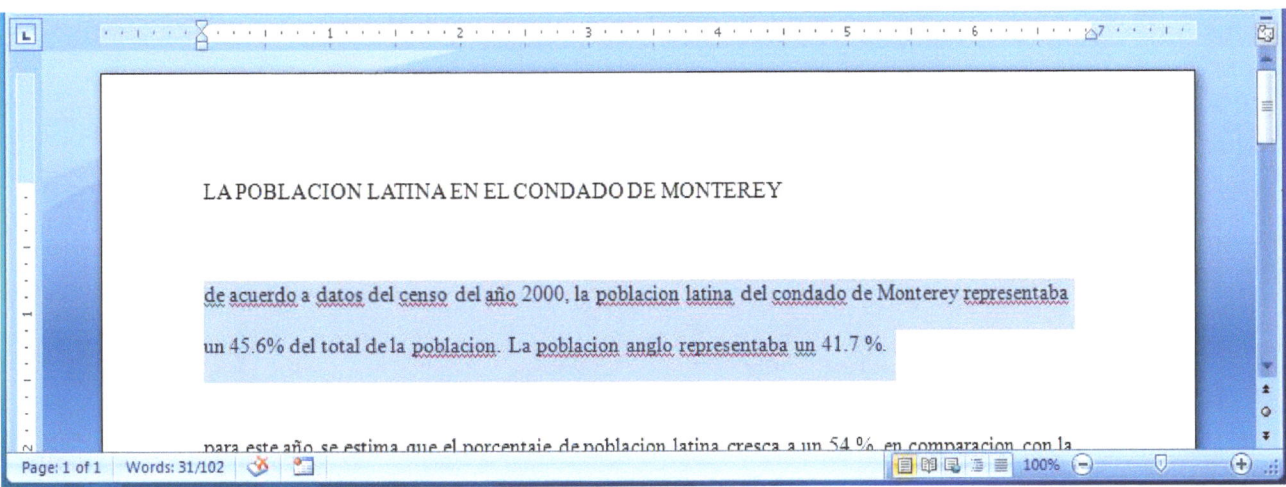

b. Click en la flecha a un lado del número que indica el tamaño de la letra para desplegar el menú.

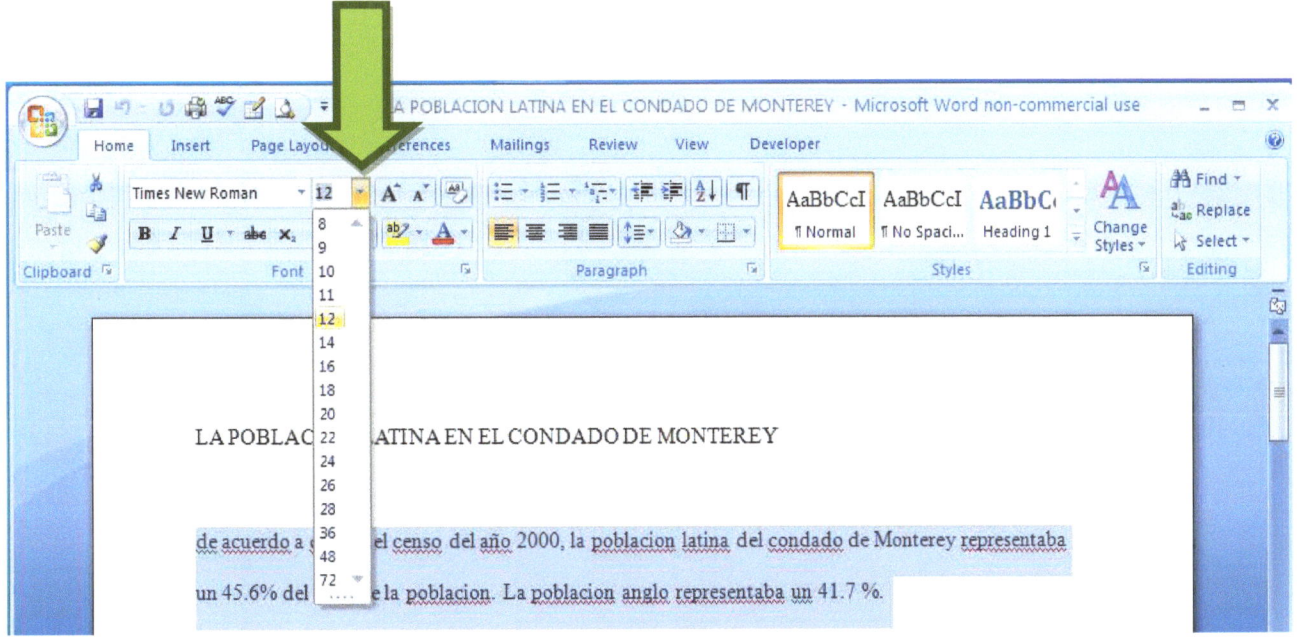

c. Click en el número desea.

9.3.3 NEGRITAS, ITÁLICAS Y SUBRAYADO

Para poner en "**negritas**" (bold), *itálicas* o subrayar alguna palabra o frase, se sigue este procedimiento.

a. Seleccione la palabra o frase.

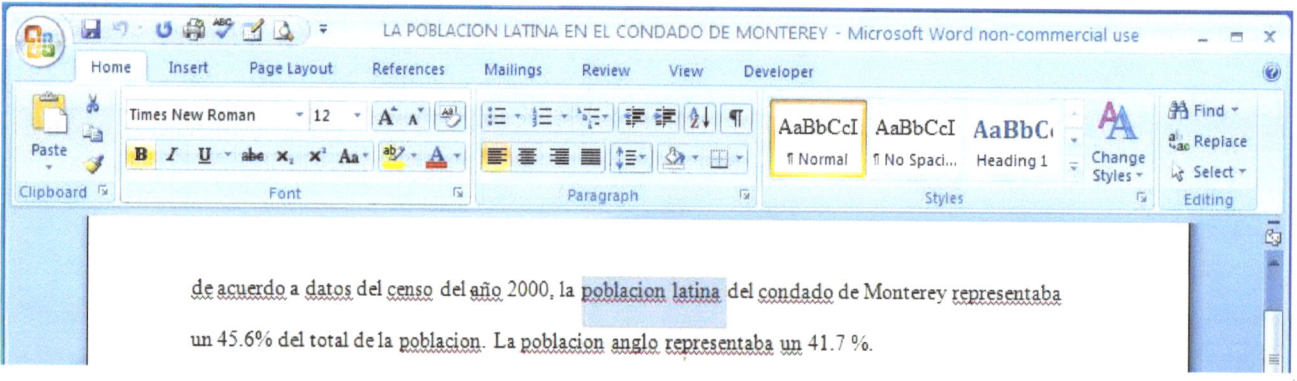

b. Click en el botón de las negritas, itálicas o subrayado, según sea el caso.

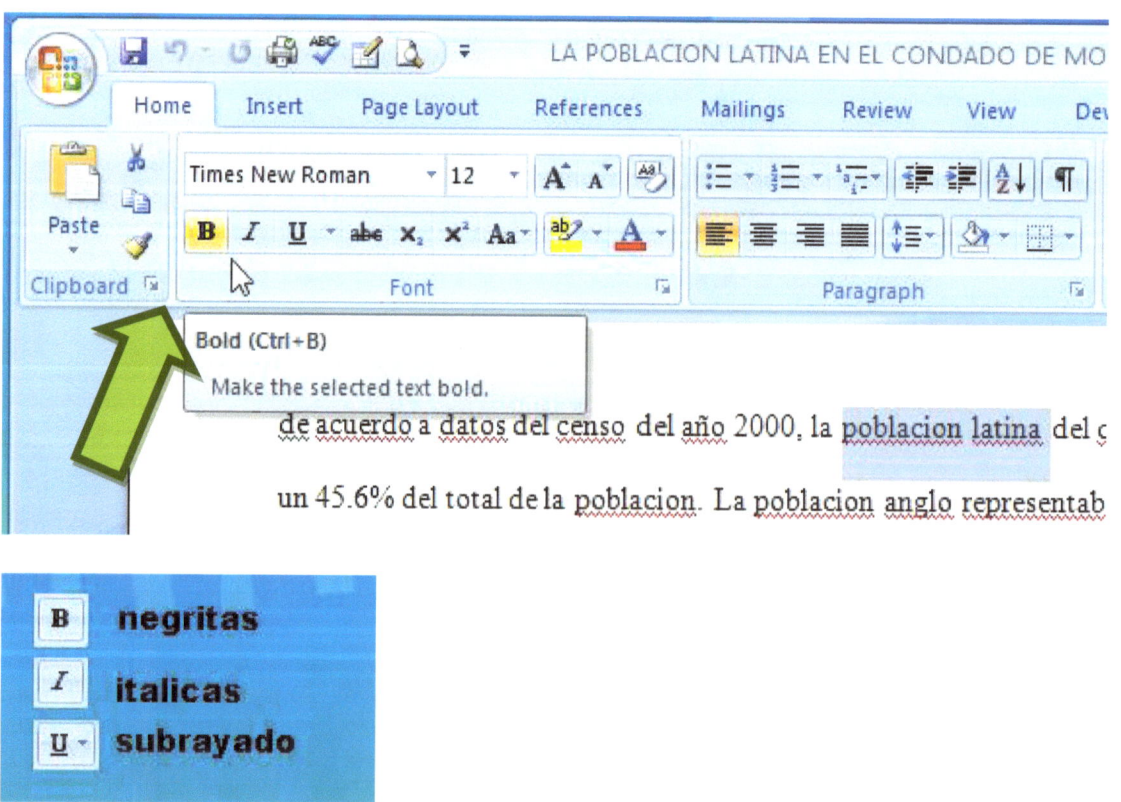

Su texto ha cambiado ahora.

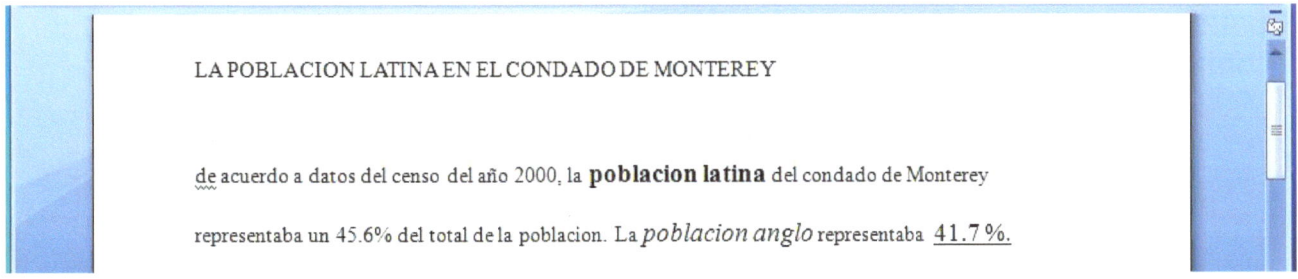

9.3.4 ALINEAR TEXTO

Para alinear nuestro texto a la izquierda, derecha o centrarlo, estos son los pasos a seguir.

   a. Seleccione el texto a alinear
   b. Click en el botón que corresponda al lado para el cual quiere alinear.

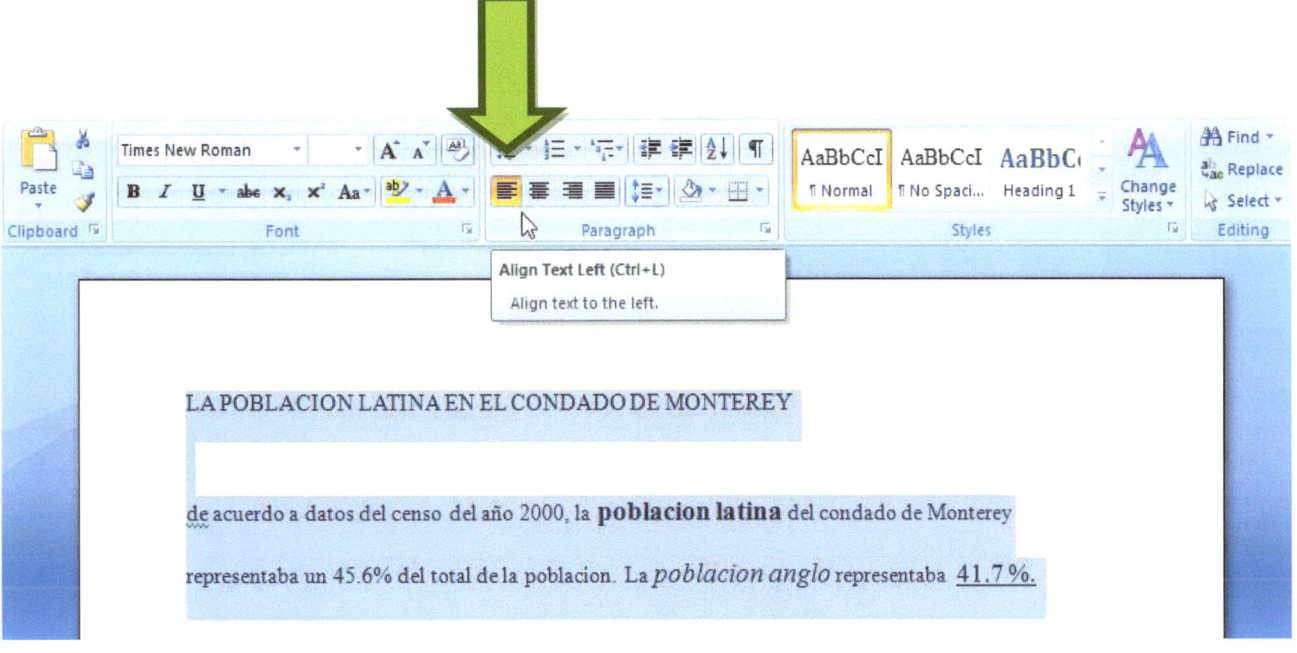

alinea a la izquierda

centra el texto

alinea a la derecha

distribuye a los lados

9.3.5 HACER UNA LISTA

Cuando tiene usted varios elementos de un mismo tipo es recomendable acomodarlos en forma de lista.

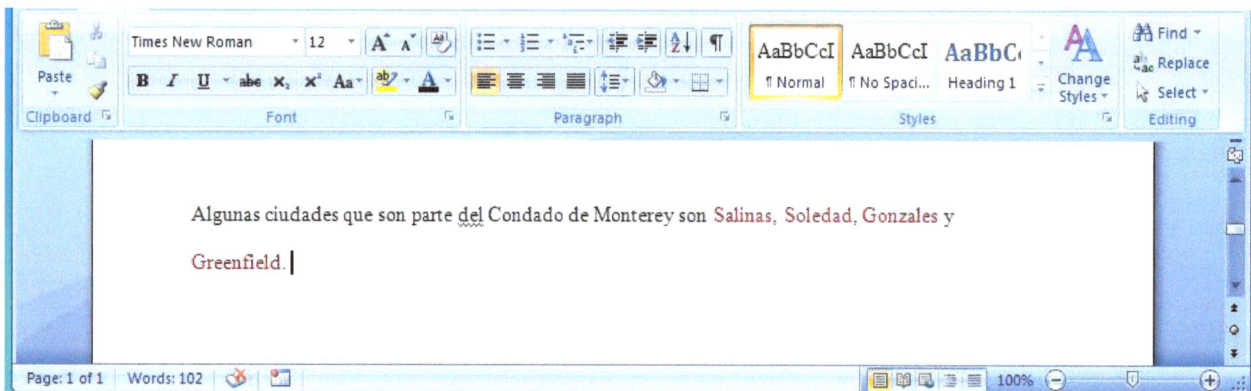

a. Colóquelos en diferente renglón

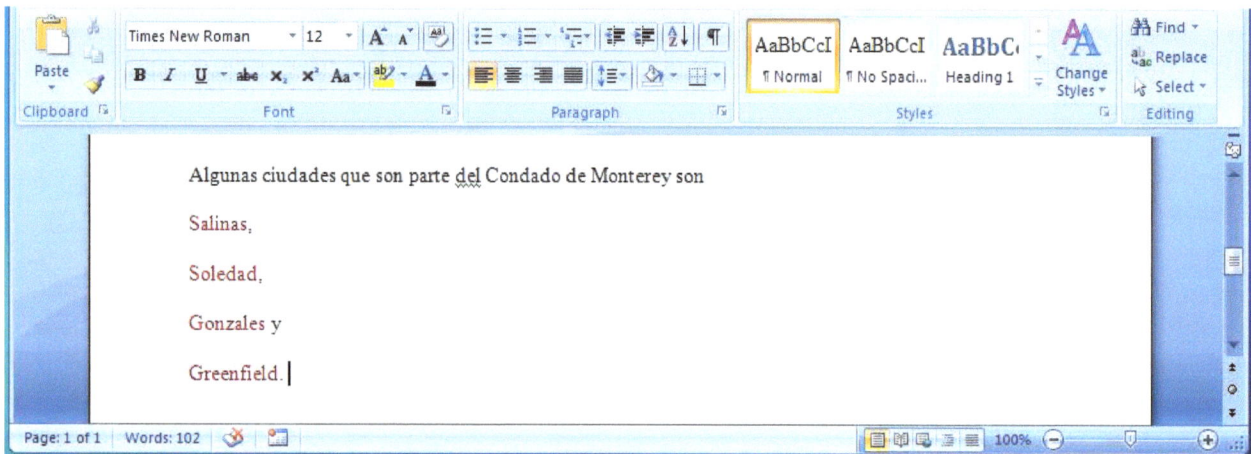

b. Seleccione los elementos de la lista

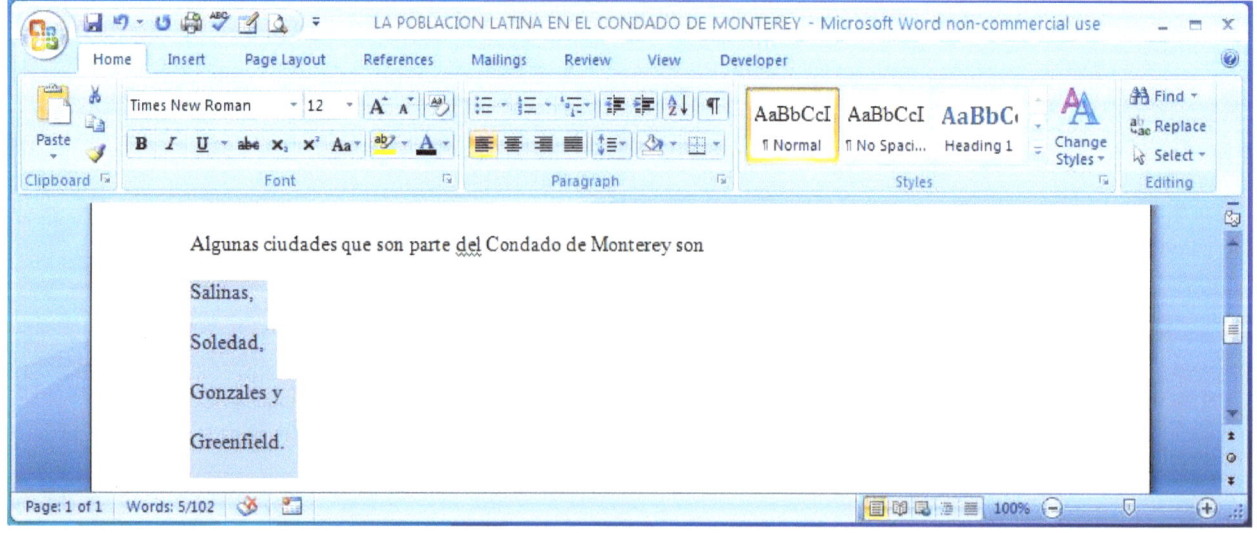

c. Click en el botón que numera o coloca puntos (bullets)

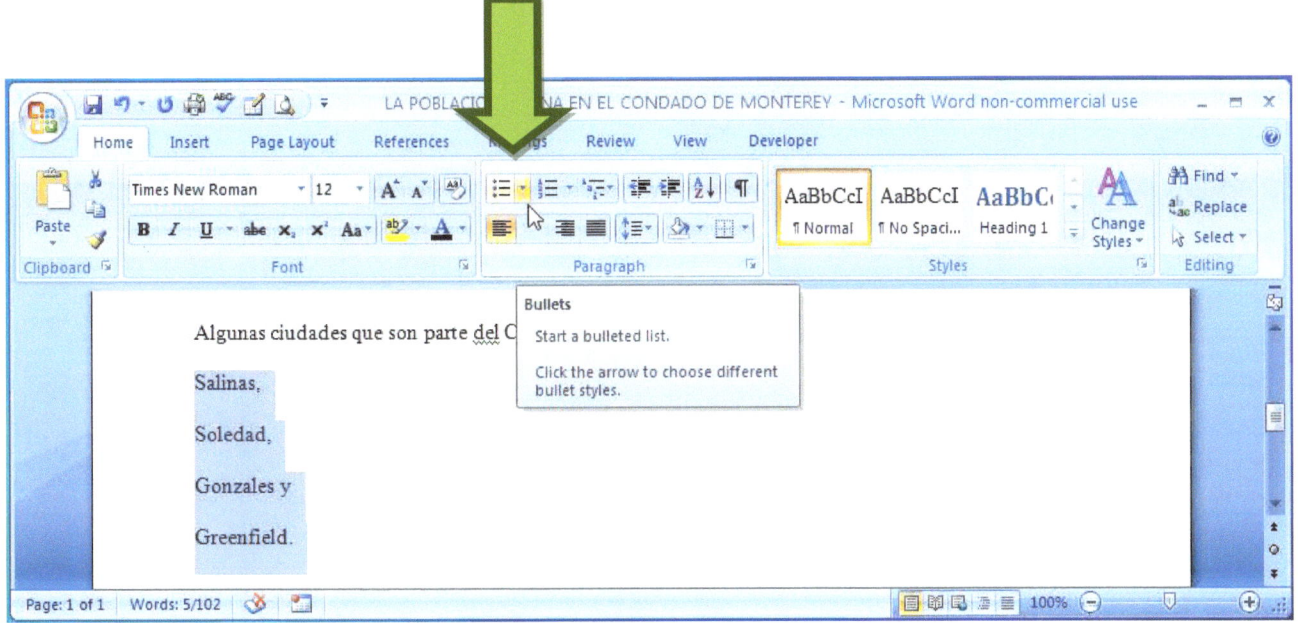

d. Éste será el resultado

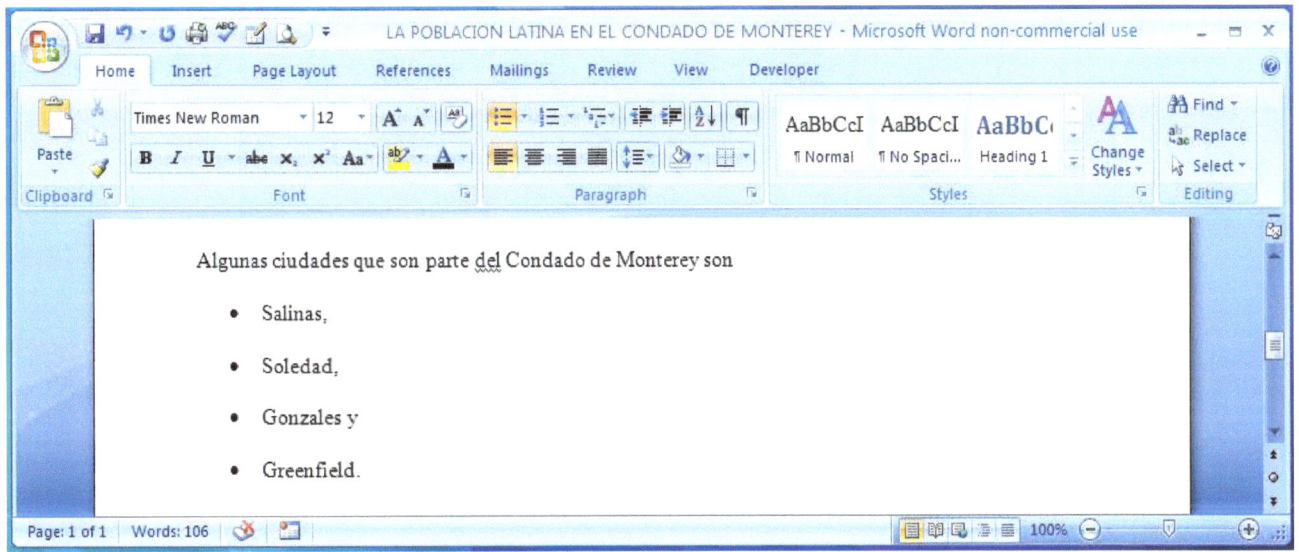

⯘	**coloca puntos**
⯘	**numera**
⯘	**numera a diferente nivel**

Y cada botón tiene diferentes opciones.

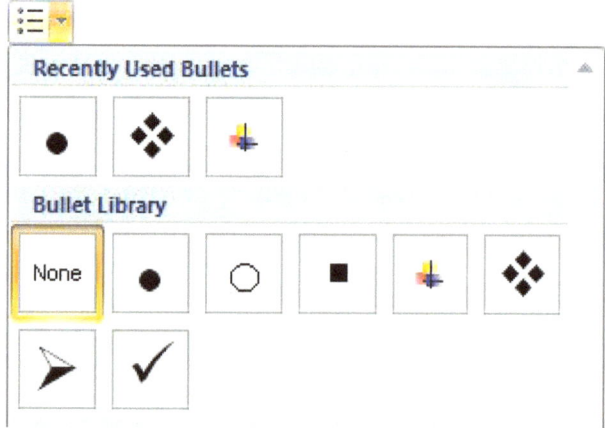

9.3.6 Insertar un cuadro

Al documento se le pueden incluir cuadros, fotos, gráficos etc. Para hacer un cuadro   siga estos pasos.

a. Coloque el cursor en el lugar donde quiere insertar el cuadro.

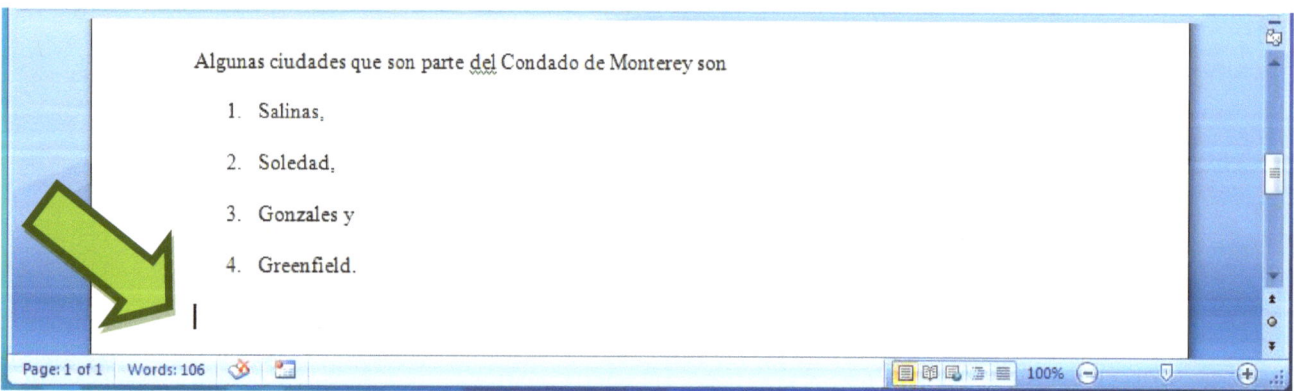

b. Click en **Insertar** (Insert)

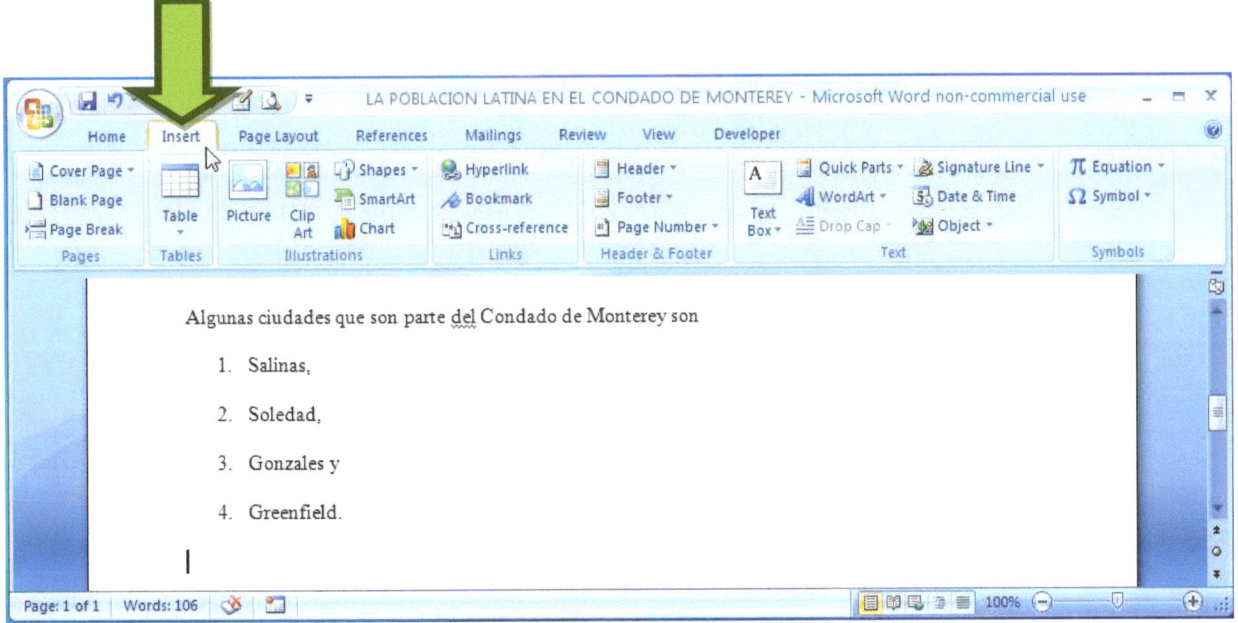

c. Click en **Cuadro** (Table)

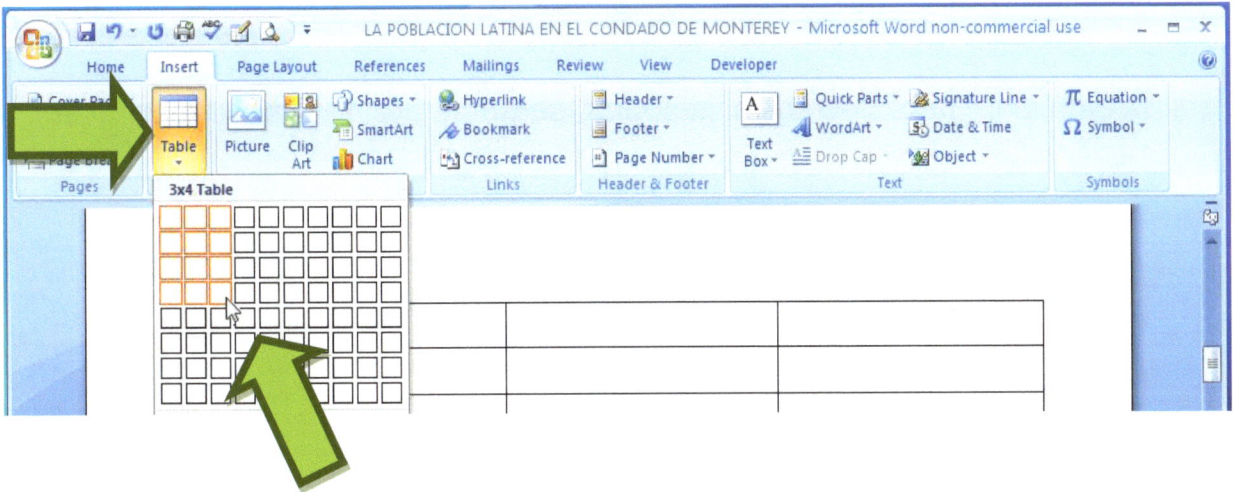

d. Seleccione el número de celdas que necesita para su cuadro y haga click.

e. Introduzca la información que necesita.

Año / % Población	LATINOS	ANGLOS
2000	45.6	41.7
2010	54	32
2050	70.1	18.8

9.4 COPIAR, RECORTAR Y PEGAR

Estas son de las opciones más usadas al hacer documentos.

a. Seleccione la palabra o párrafo que quiere copiar o cortar

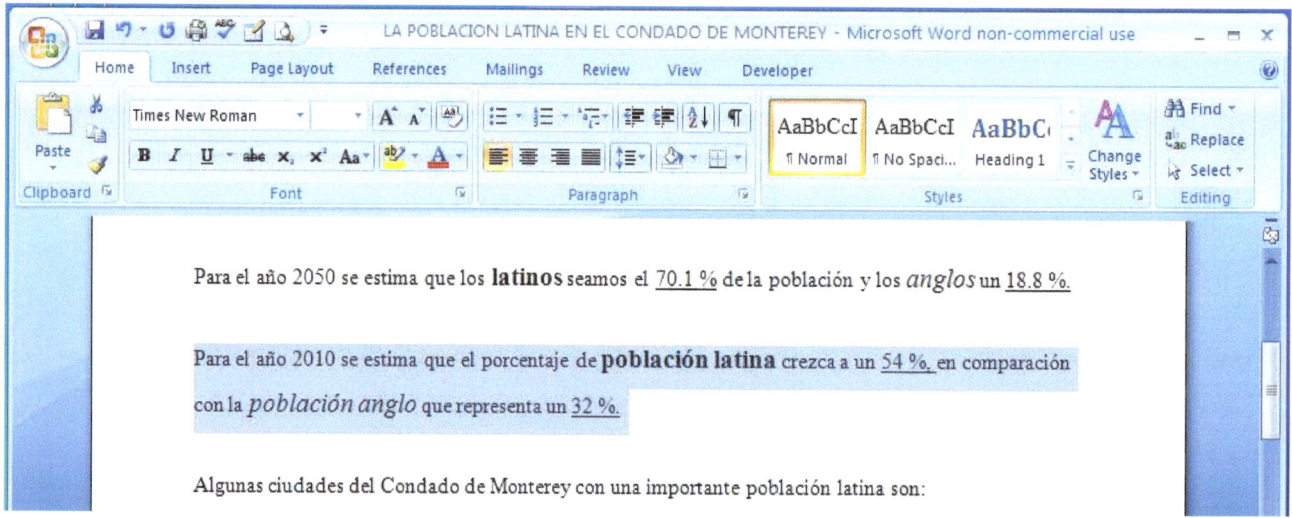

b. Click enel botón de cortar o copiar, según la acción que quiere hacer.

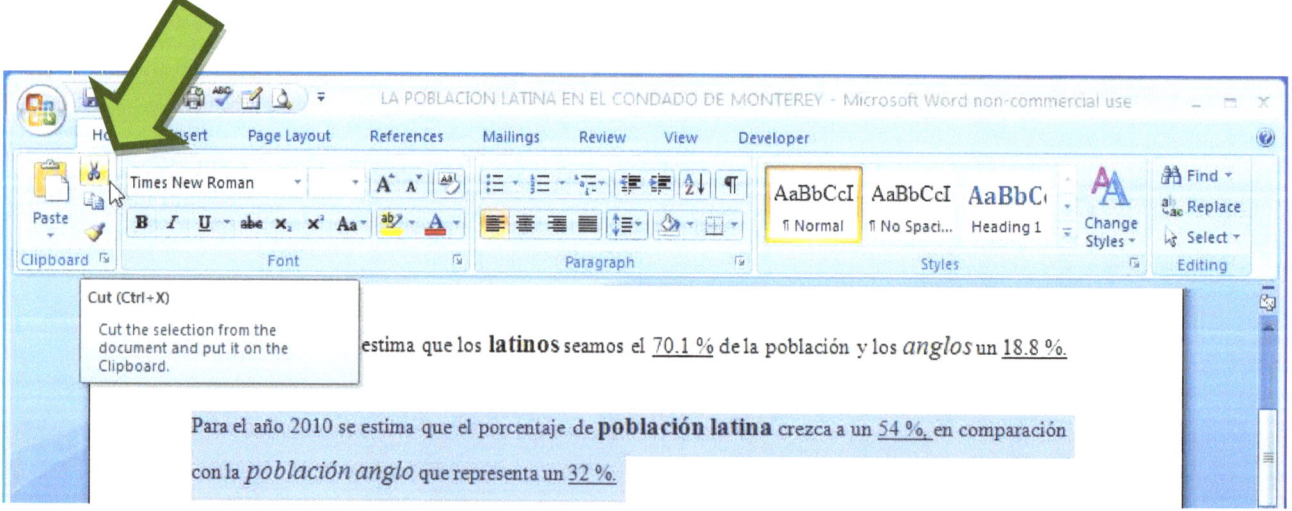

c. Coloque el cursor en el lugar donde quiere pegar la parte copiada o cortada.

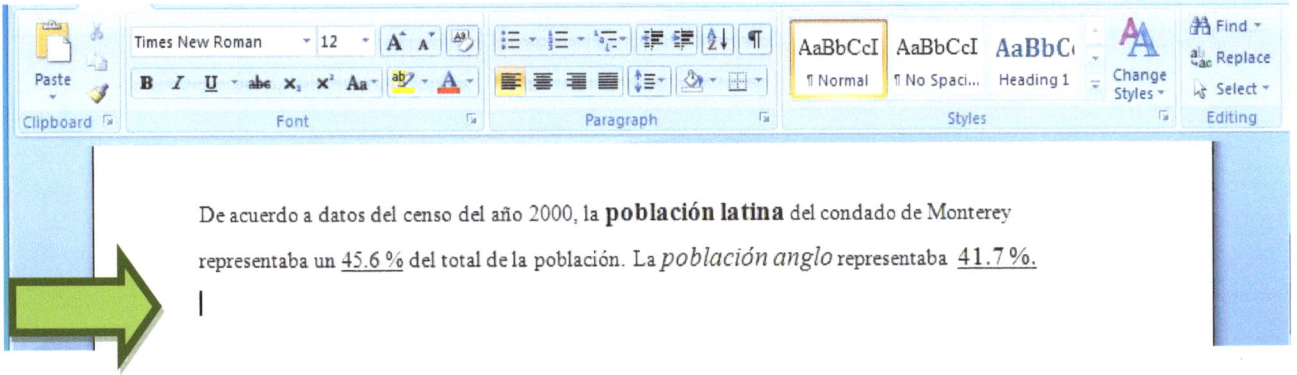

d. Click en **Pegar** (Paste)

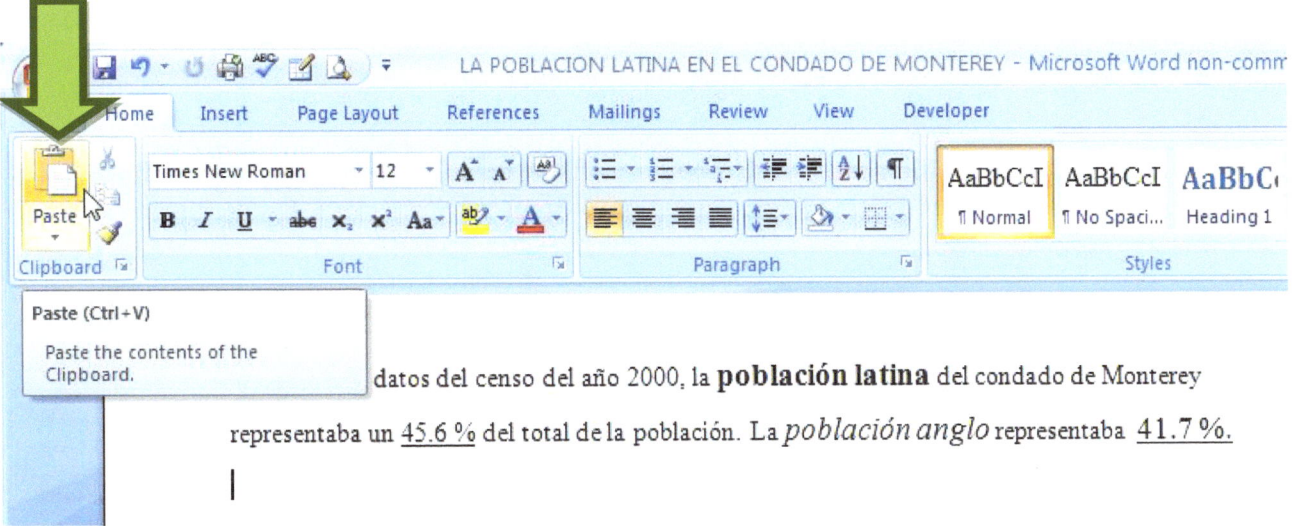

e. La sección cortada o copiada está pegada

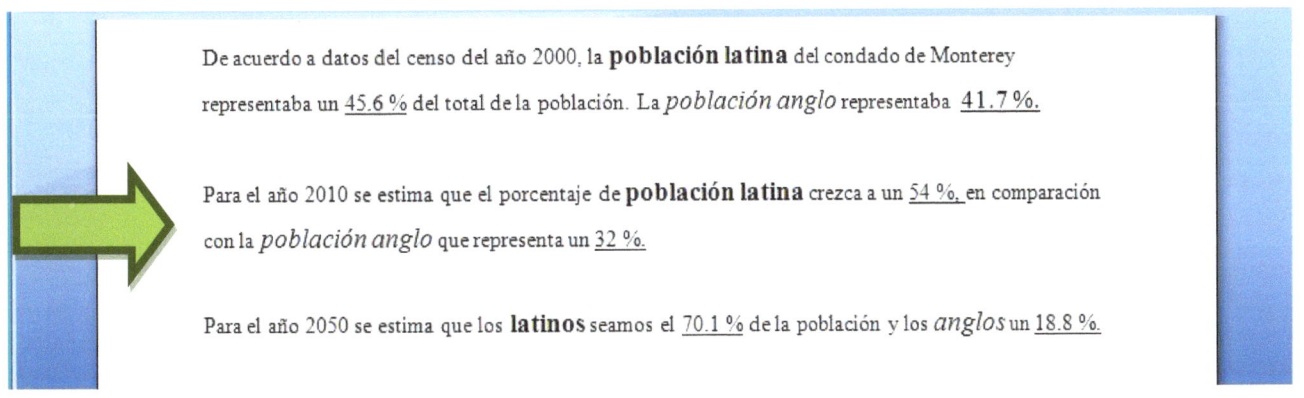

9.5 REVISAR ORTOGRAFÍA

Notará usted al escribir que algunas palabras aparecen subrayadas con color verde o rojo. Eso quiere decir que posiblemente haya errores de redacción u ortografía.

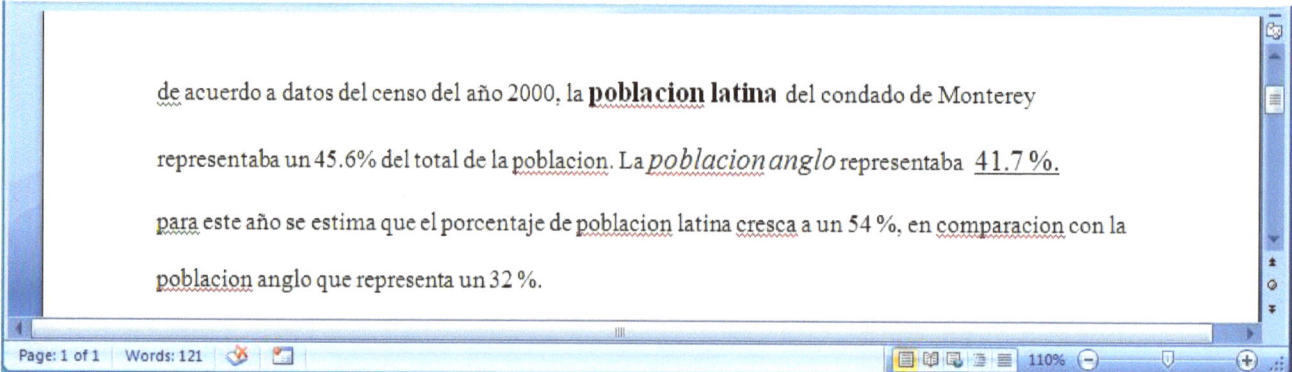

Si escribe usted en español en un programa ajustado para ser usado en el idioma inglés, la computadora no reconocerá las palabras y subrayará muchas de ellas.

a. Establecer el idioma que usará para revisar ortografía, click en **Review** (Revisar)

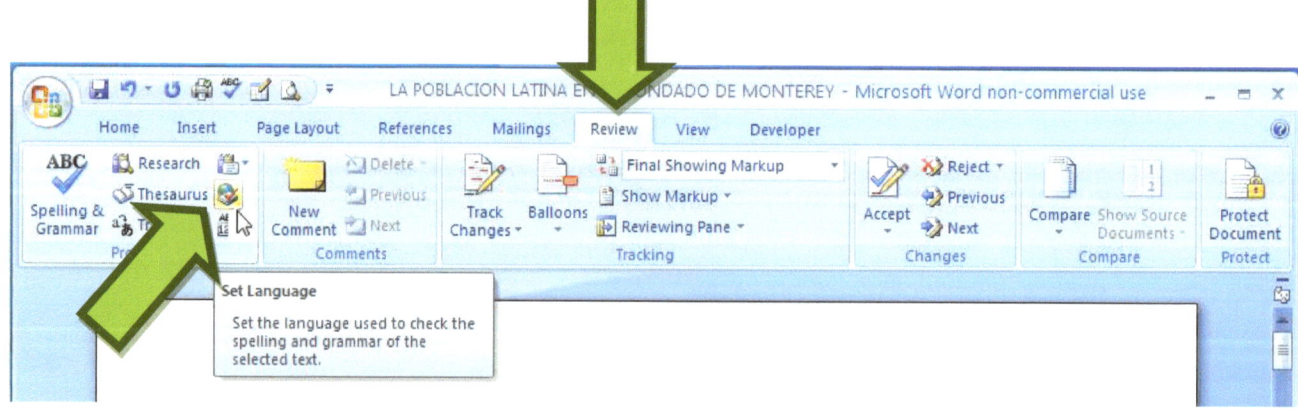

b. Click en **Establecer idioma** (Set lenguaje)

c. Seleccione el idioma en la ventana que se abrirá

d. Click **OK**

e. Click en el botón para revisar ortografía

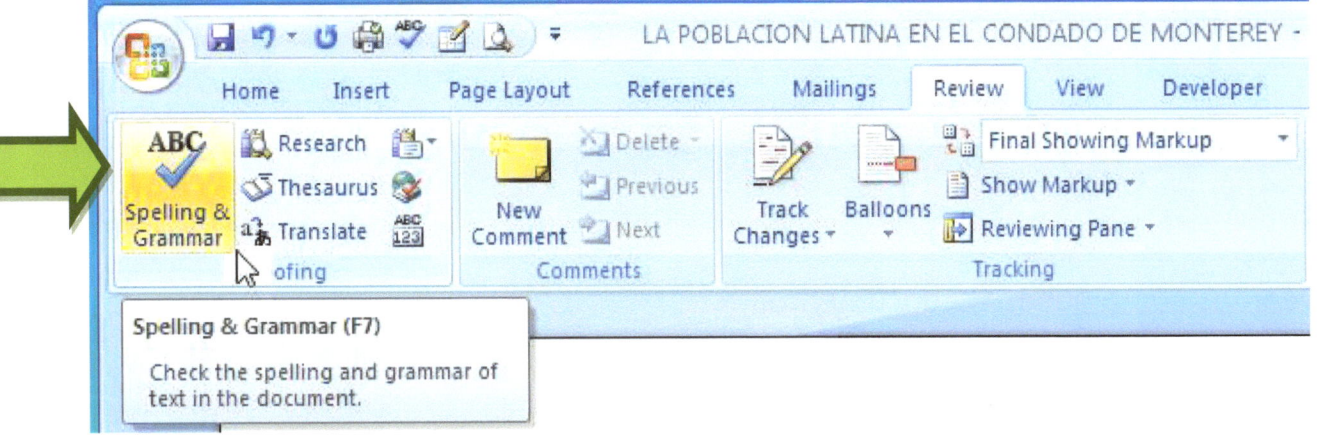

Se abrirá una ventana con sugerencias para las palabras que pueden estar equivocadas

f. Elija la palabra que considere correcta y haga click en **Cambiar** (Change).

Si considera que la palabra que usted escribió está correcta, puede hacer click en **Ignorar** (Ignore).

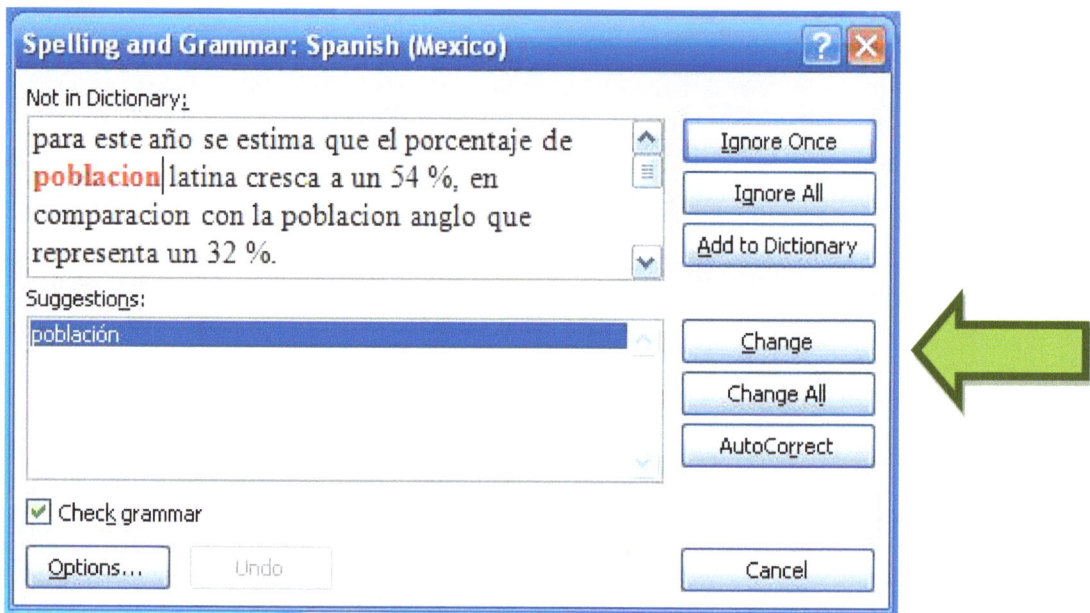

g. Cuando concluya la revisión se abrirá ésta ventana, haga click en **OK**

Veamos cómo quedó su documento...

LA POBLACION LATINA EN EL CONDADO DE MONTEREY

De acuerdo a datos del censo del año 2000, la **población latina** del condado de Monterey representaba un 45.6 % del total de la población. La *población anglo* representaba 41.7 %.

Para el año 2010 se estima que el porcentaje de **población latina** crezca a un 54 %, en comparación con la *población anglo* que representa un 32 %.

Para el año 2050 se estima que los **latinos** seamos el 70.1 % de la población y los *anglos* un 18.8 %.

Algunas ciudades del Condado de Monterey con una importante población latina son:

1. Salinas,
2. Soledad,
3. Gonzales y
4. Greenfield.

Cuadro 1. Comparativo del porcentaje de las poblaciones latina y anglo en 3 años.

% Población Año	LATINOS	ANGLOS
2000	45.6	41.7
2010	54	32
2050	70.1	18.8

9.6 PLANTILLAS (TEMPLATES)

Las plantillas son moldes de documentos que sirven como guía para hacer el que a nosotros nos interesa. Por ejemplo, un resume.

a. Click en el botón de Office

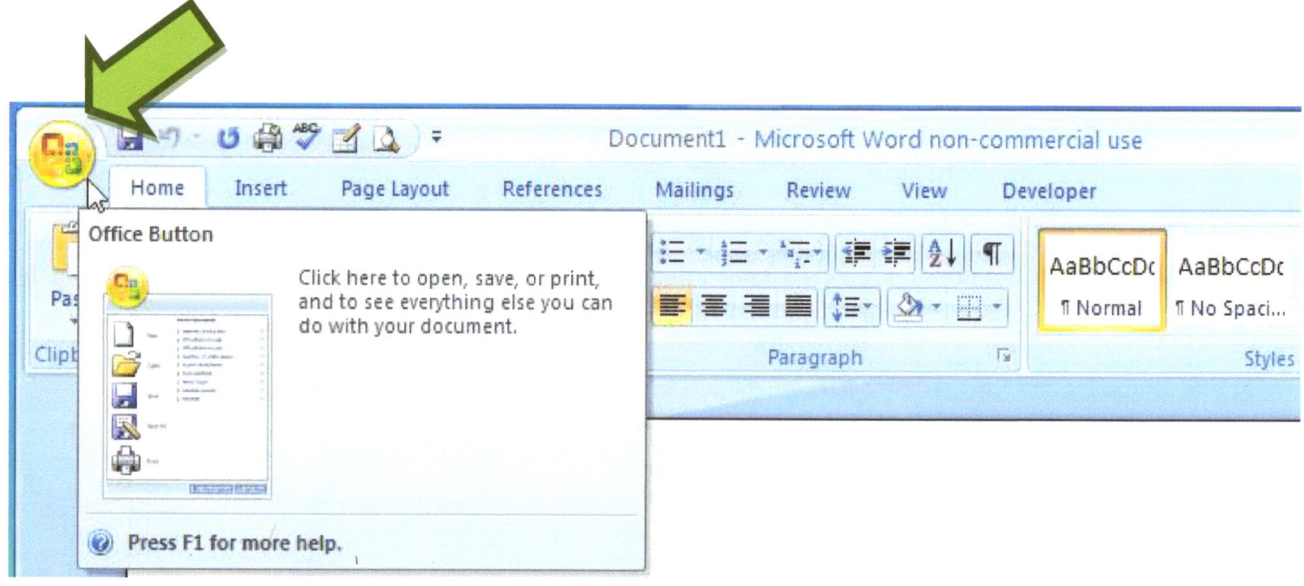

b. Click en Documento **Nuevo** (New)

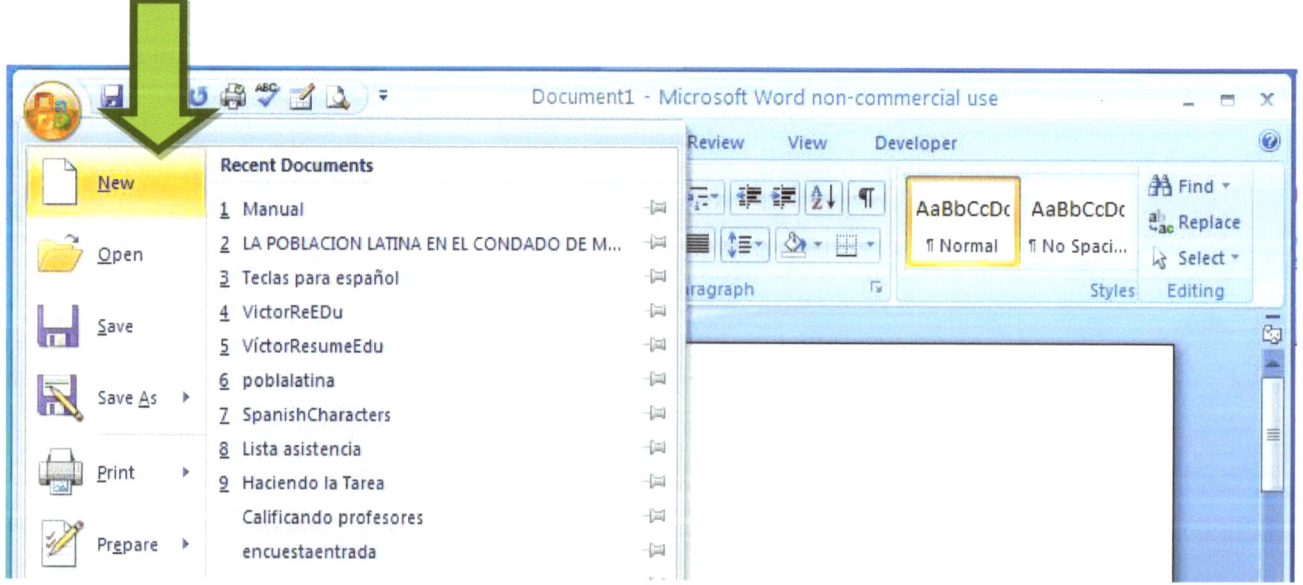

c. Click en **Plantillas instaladas** (Installed Templates)

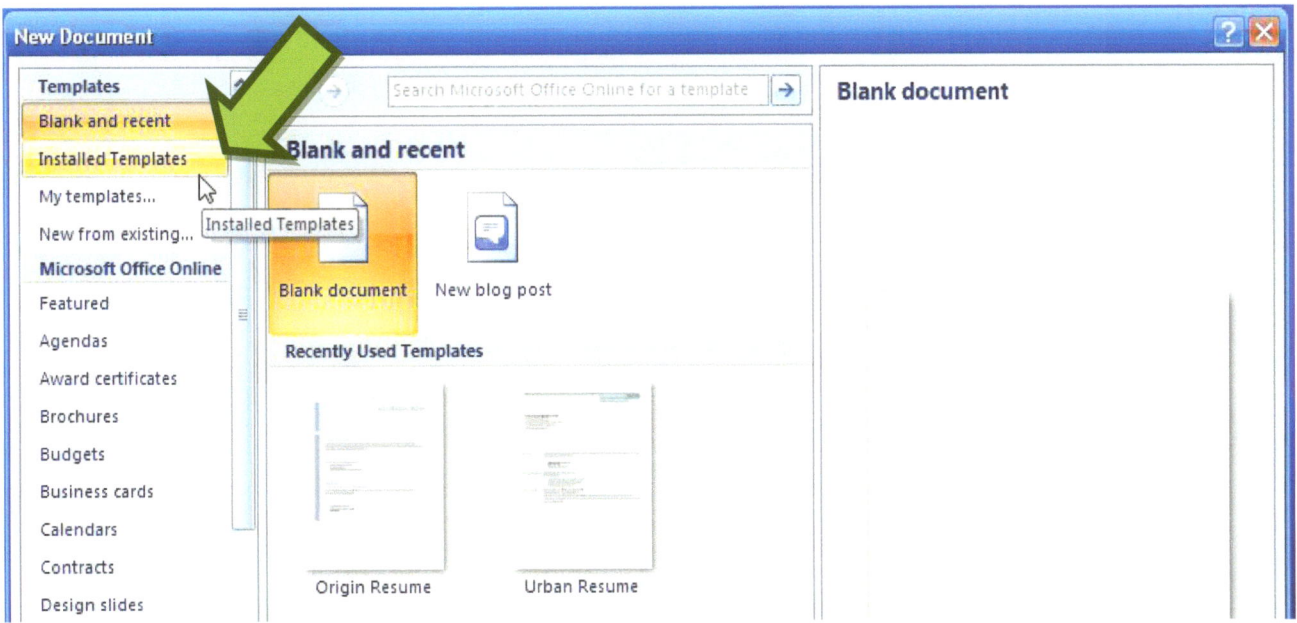

d. Click en la plantilla de su elección

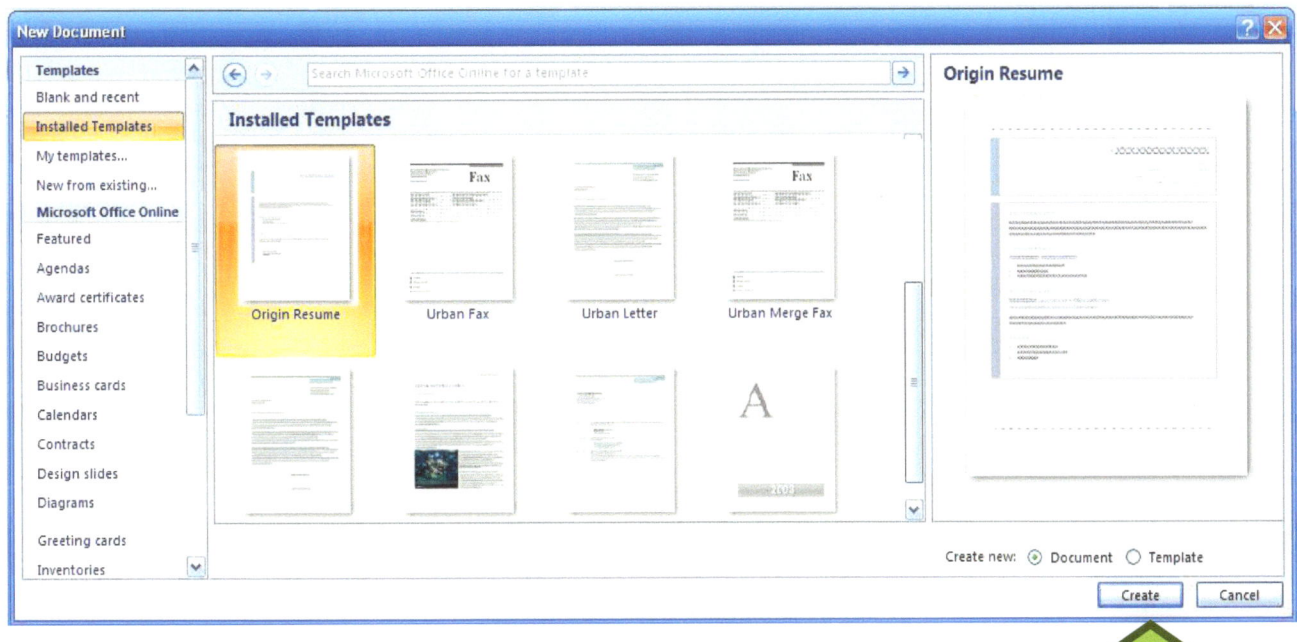

e. Click en **Crear** (Create)

f. Escriba su información en la plantilla

Document2 - Microsoft Word non-commercial use
Table Tools
Home
Insert
Page Layout
References
Mailings
Review
View
Developer
Design
Layout
Paste
Bookman Old Style (He
20
AaBbCcDc
AaBbCcDc
AaBl
¶ Header ...
¶ Normal
Personal ...
Change Styles
Find
Replace
Select
Clipboard
Font
Paragraph
Styles
Editing
Victor Almazán
[Type your address]
Phone: [Type your phone number]
E-mail: [Type your e-mail address]
Website: [Type your website]
Objectives
[Type the objectives]
Education
Page: 1 of 1
Words: 66
English (U.S.)
100%

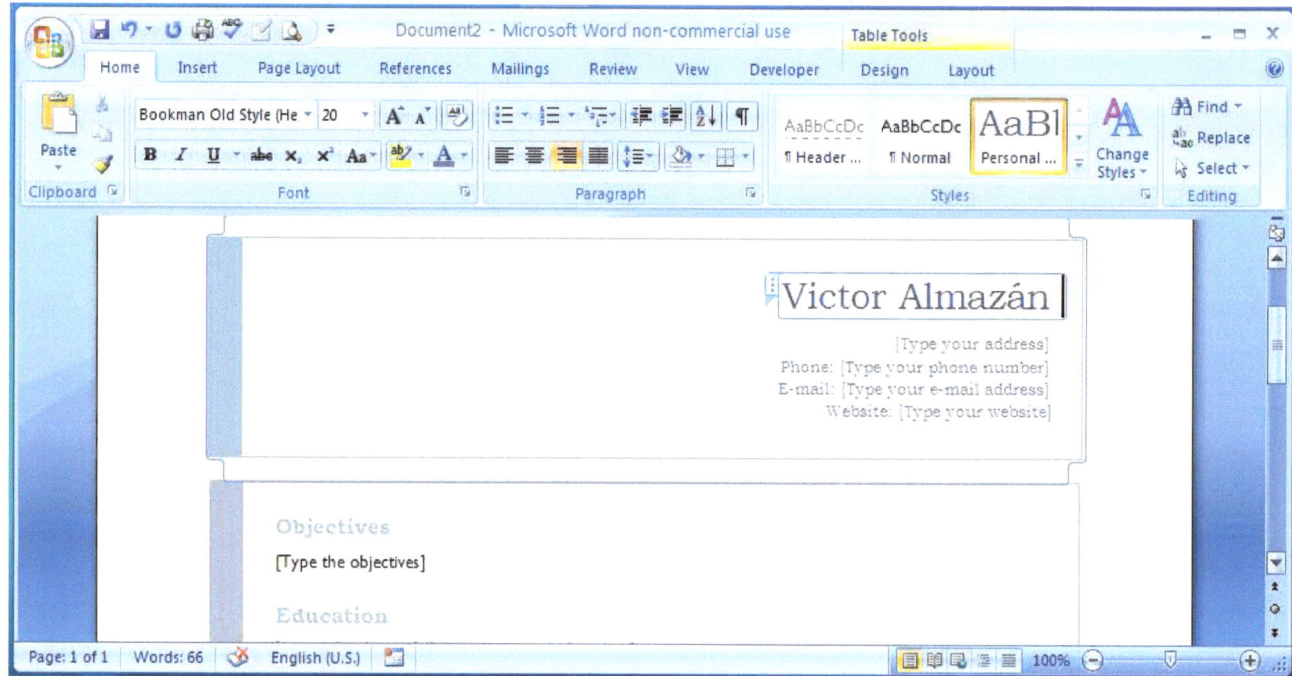

g. Al final tendrá un documento con buen diseño y presentación.

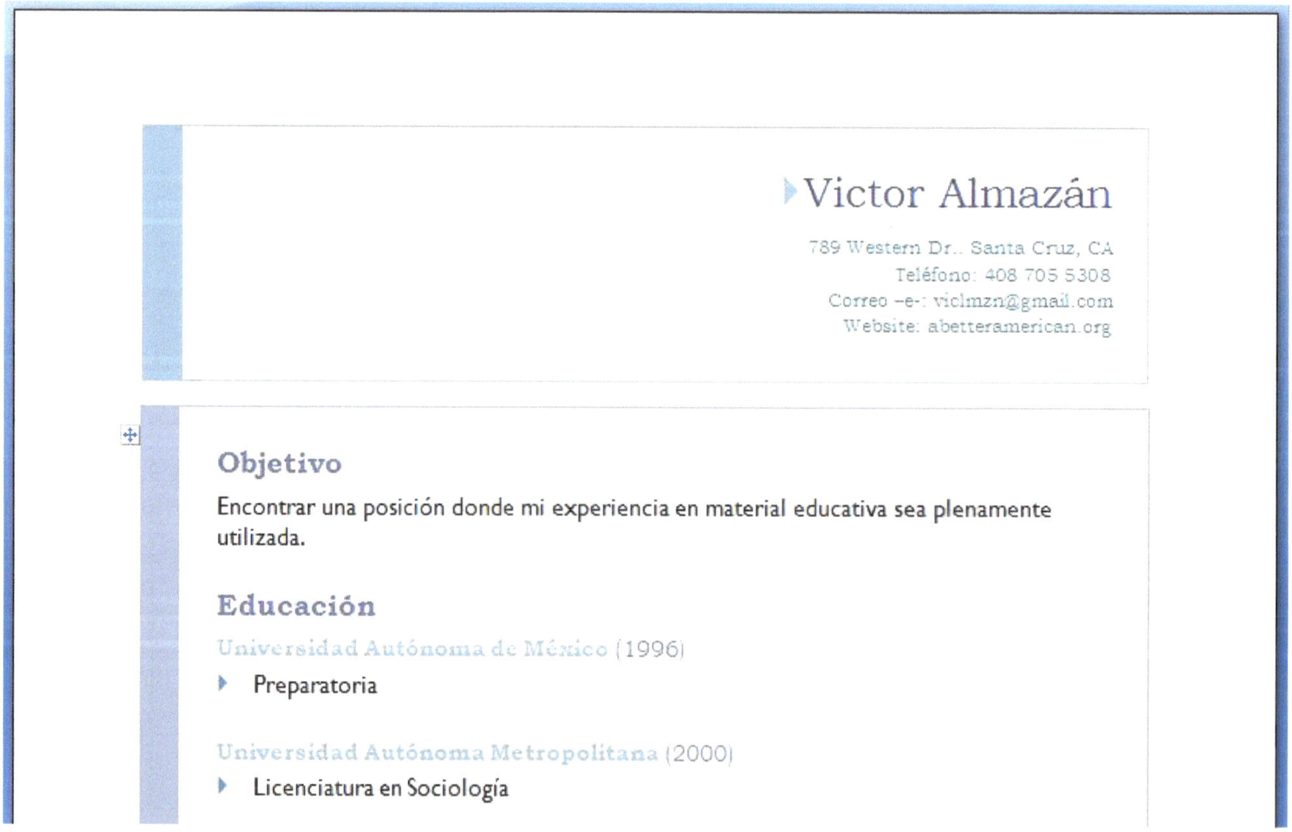

Victor Almazán
789 Western Dr., Santa Cruz, CA
Teléfono: 408 705 5308
Correo –e-: viclmzn@gmail.com
Website: abetteramerican.org
Objetivo
Encontrar una posición donde mi experiencia en material educativa sea plenamente utilizada.
Educación
Universidad Autónoma de México (1996)
Preparatoria
Universidad Autónoma Metropolitana (2000)
Licenciatura en Sociología

10.   POWERPOINT

Otro de los programas de la suite de Microsoft Office es PowerPoint.

Este programa permite hacer representaciones sobre un tema generalmente para un público amplio

La propuesta que hacemos es hacer presentaciones con sus hijos sobre temas escolares.

10.1 HACER UNA PRESENTACIÓN

a. Abra el programa. Click en **Inicio** (Start) y click en el ícono del programa.

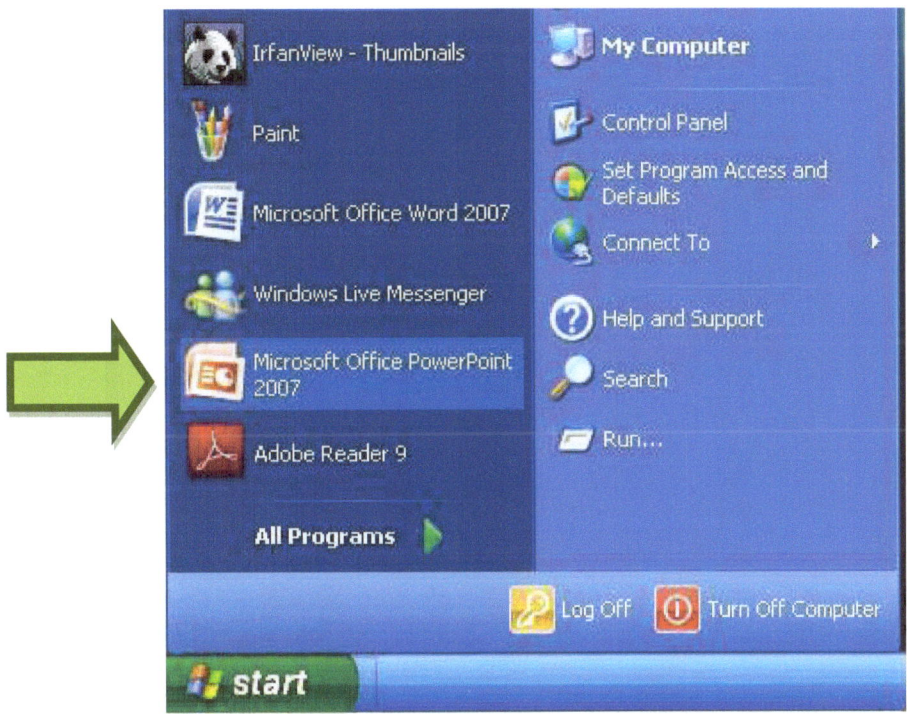

Si no encuentra el programa en el menú Inicio. Búsquelo en **Todos los programas**, Microsoft Office y PowerPoint.

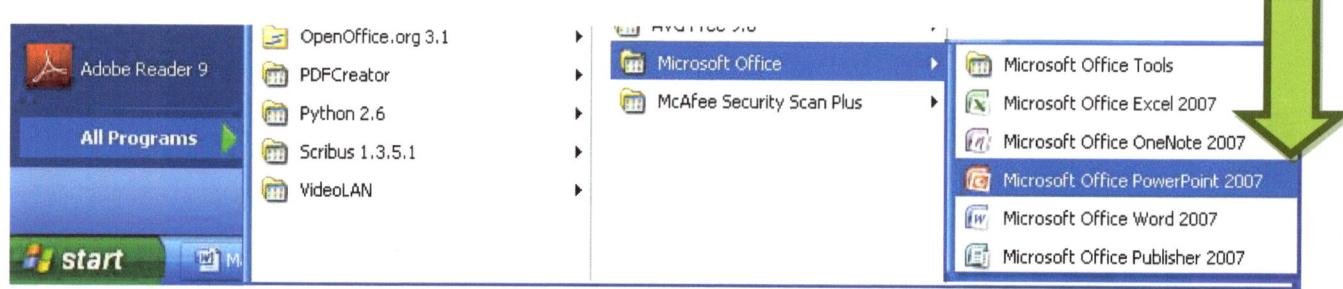

Al abrirse el programa, mostrará una hoja en blanco.

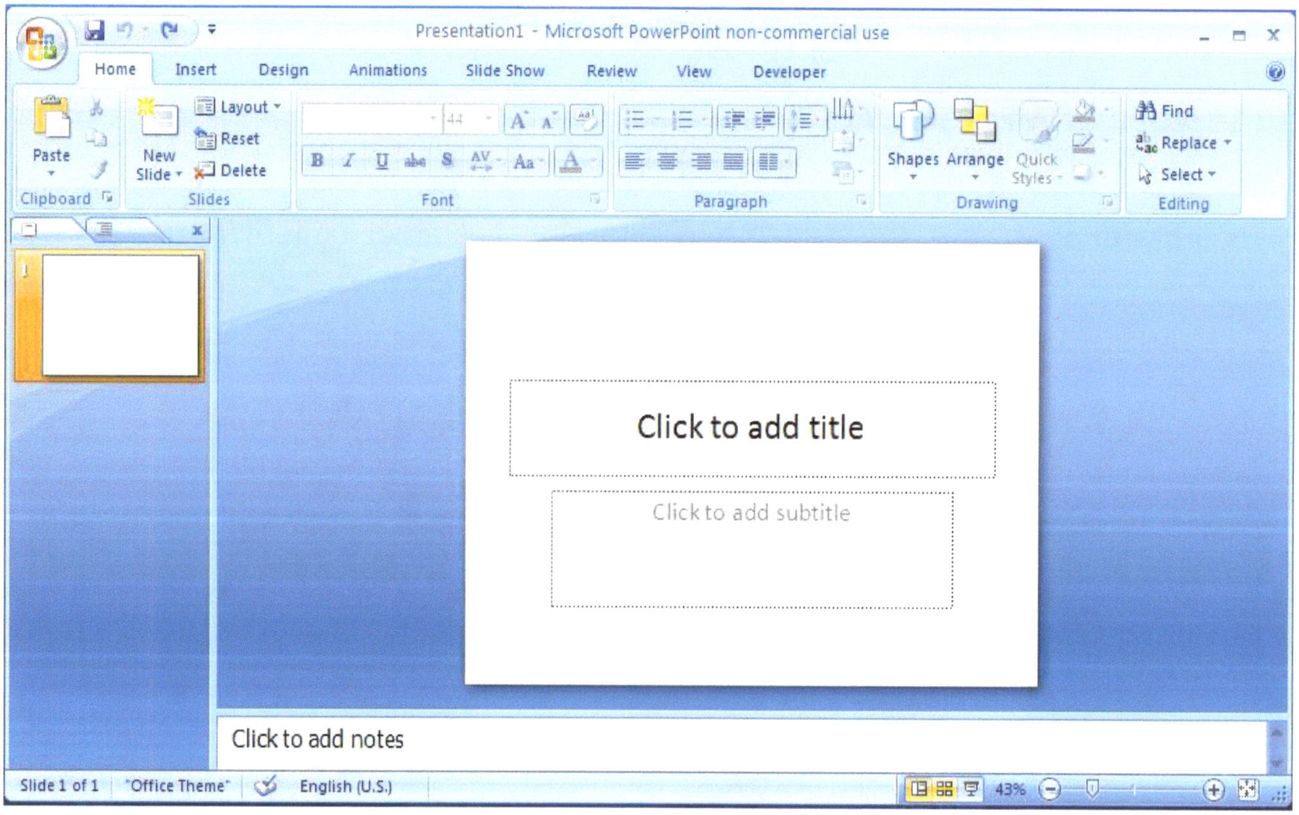

b. Click en el recuadro para poner título y subtítulo.

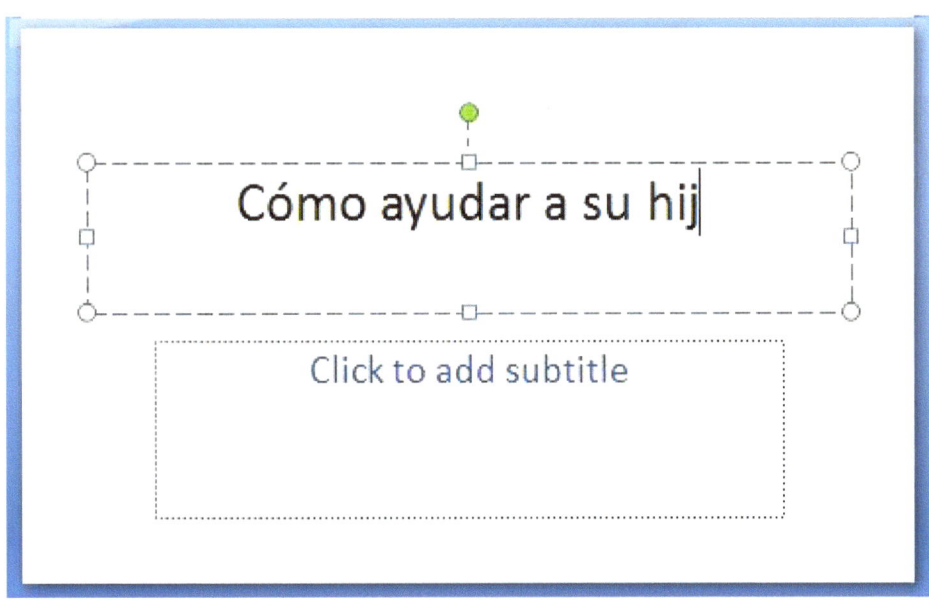

c. Click en **Página nueva** (New slide) para agregar otra página.

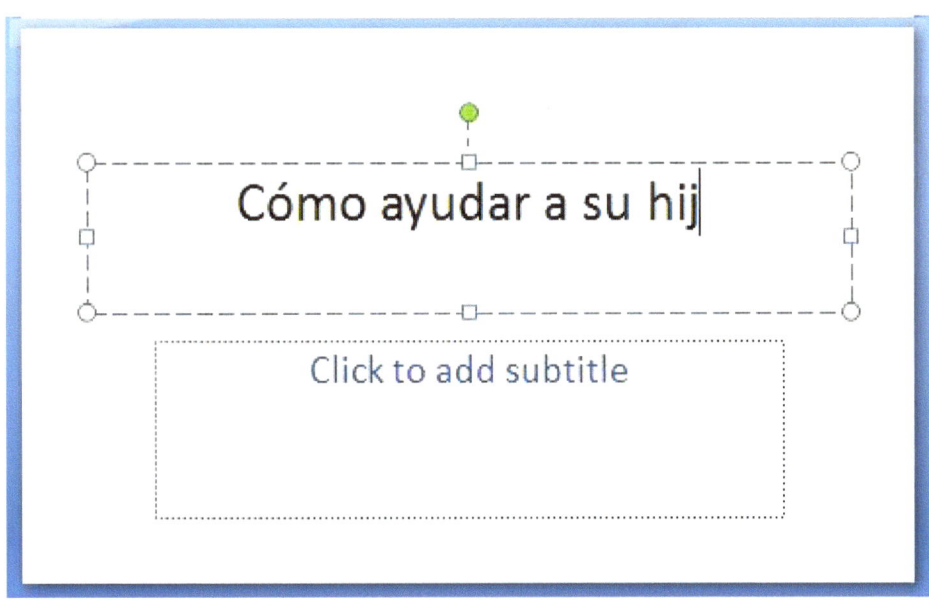

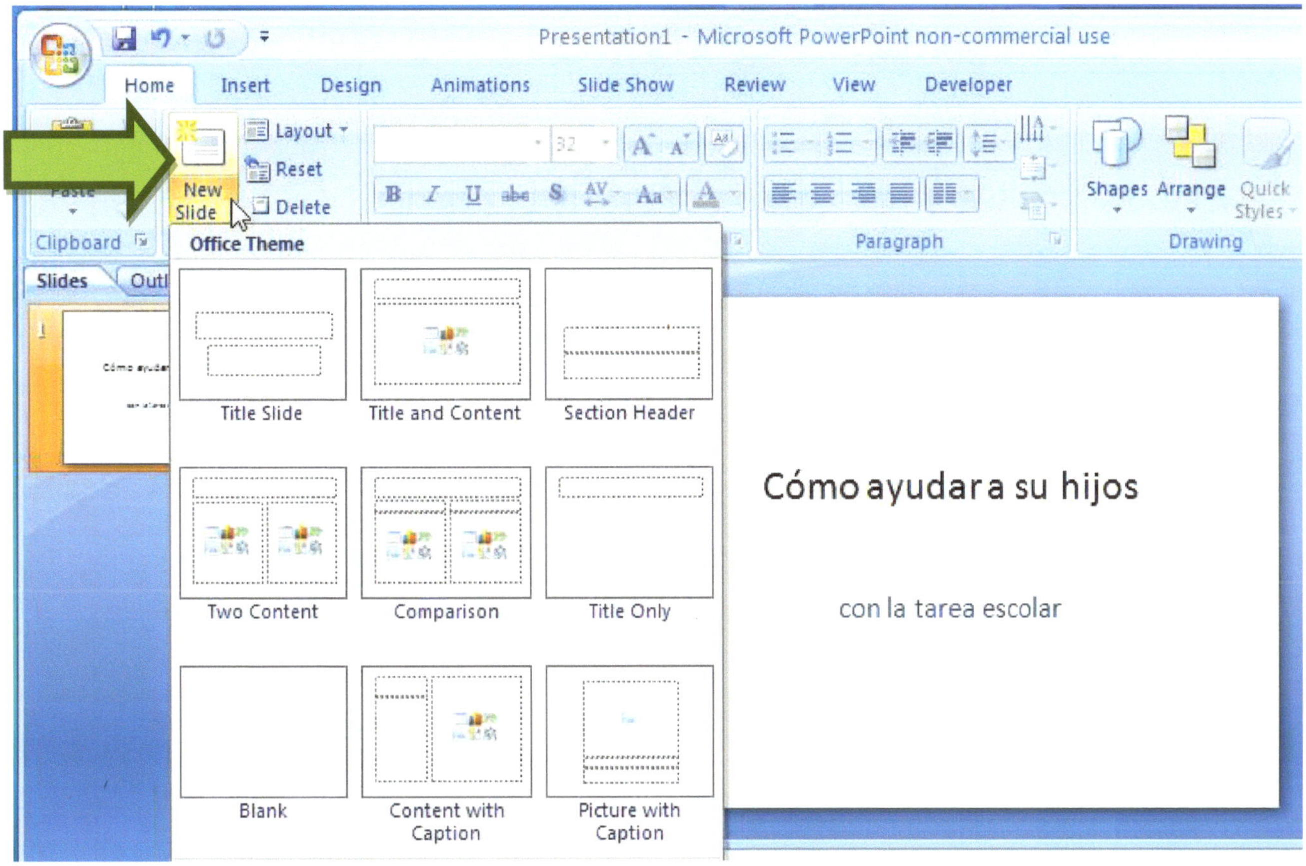

d. Click en la plantilla que elija. Una página con texto e imagen es más fácil de leer.

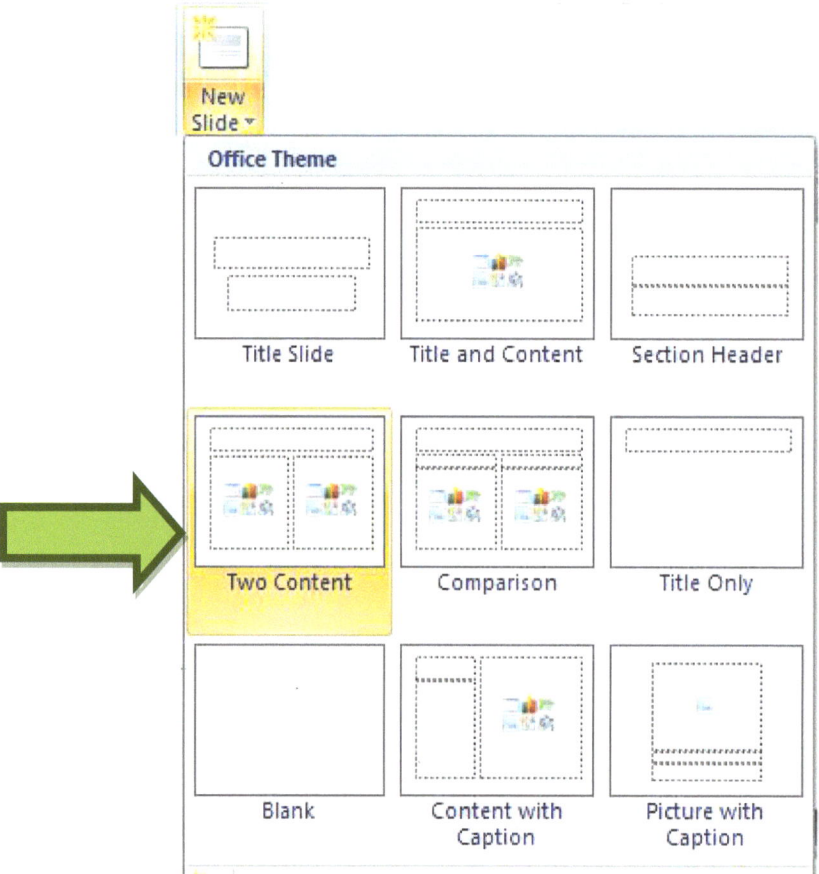

e. Introduzca título y texto de ésta página de la presentación.

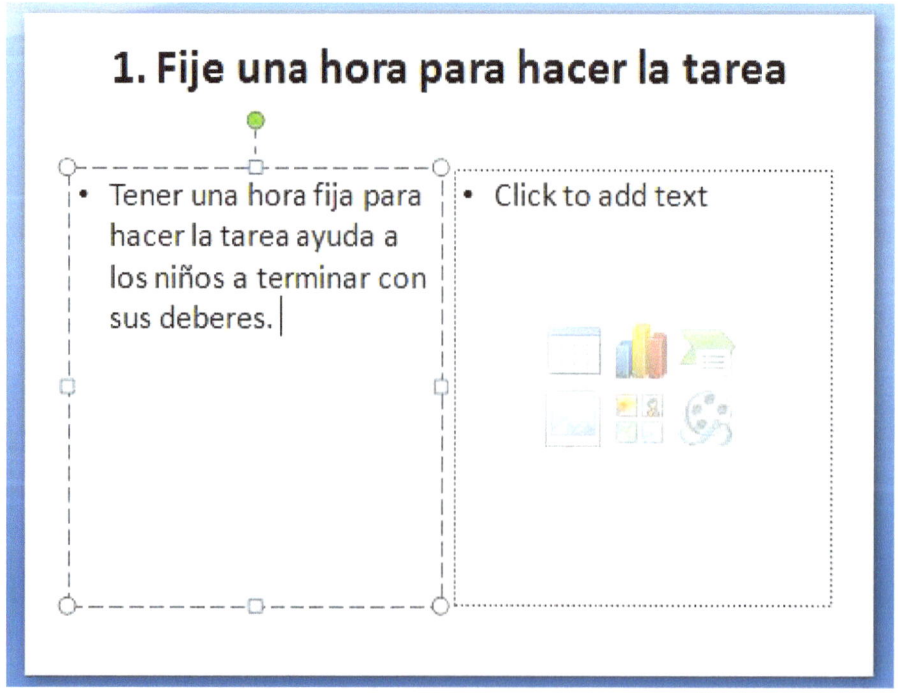

f. Click en el ícono de **Clip Art** para añadir una imagen.

Clip art es un grupo de ilustraciones que tiene el programa. También puede introducir una imagen que tenga en otro archivo.

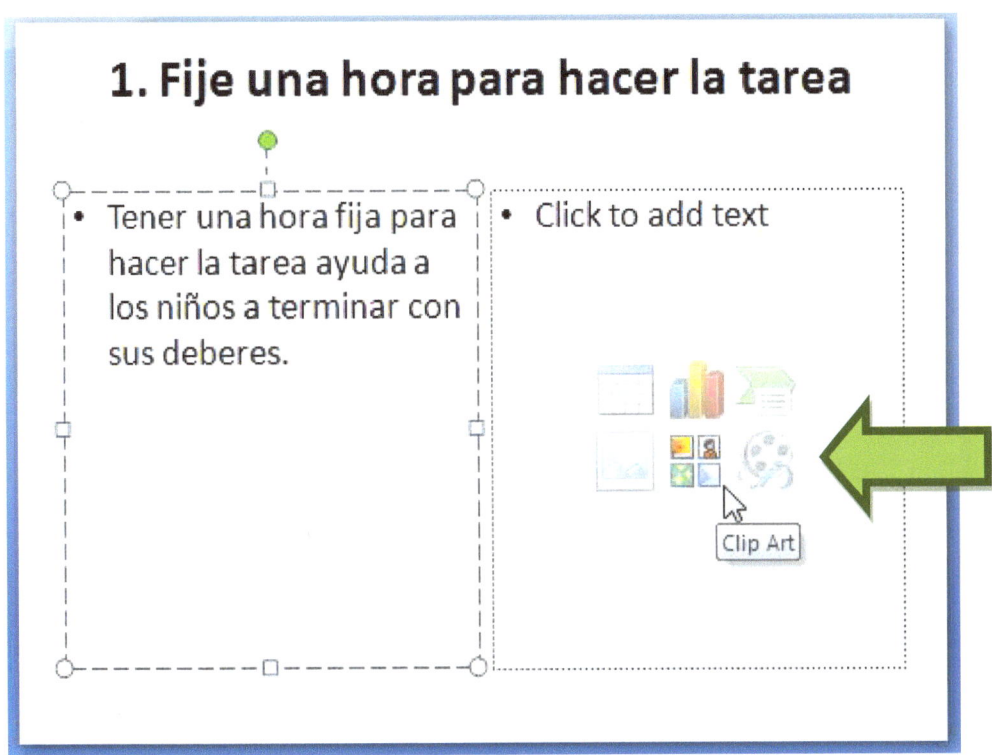

g. Se abrirá una columna lateral donde puede escribir el tipo de imágenes que busca. Click en **Ir** (Go).

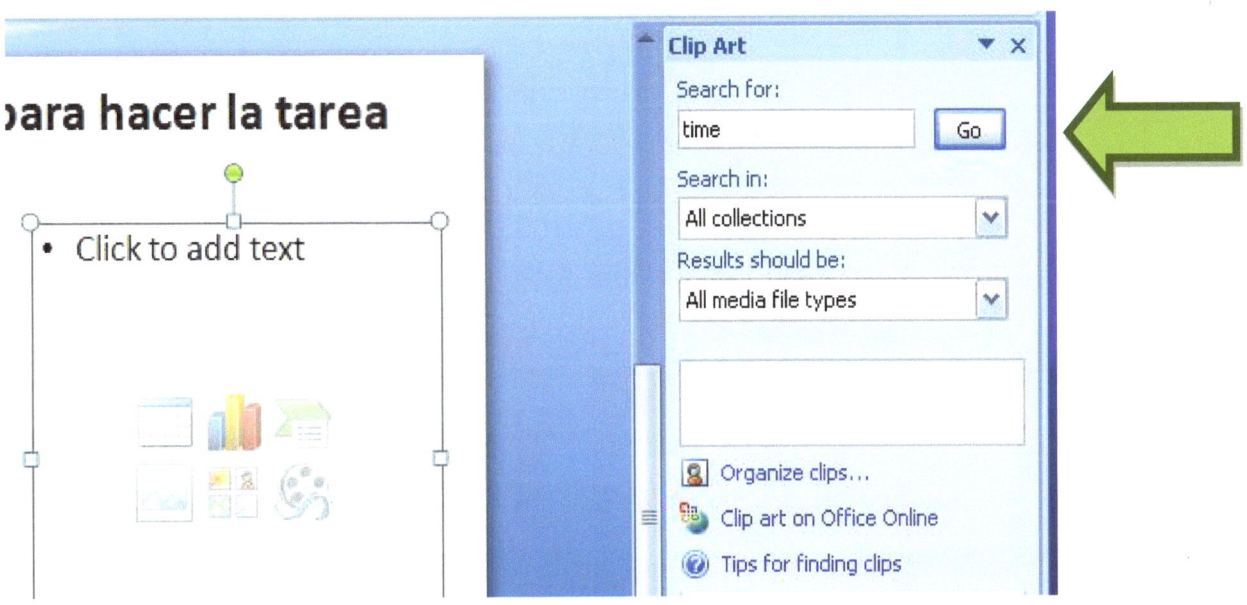

h. Seleccione una imagen y click en **Insertar** (Insertar).

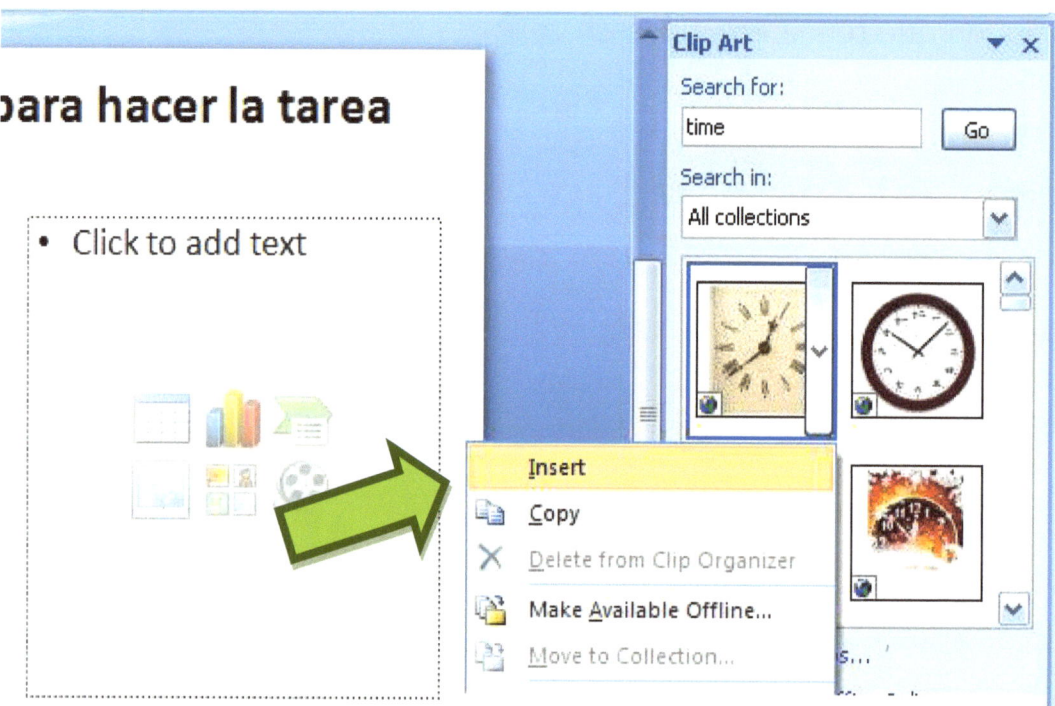

La primera página de su presentación está lista.

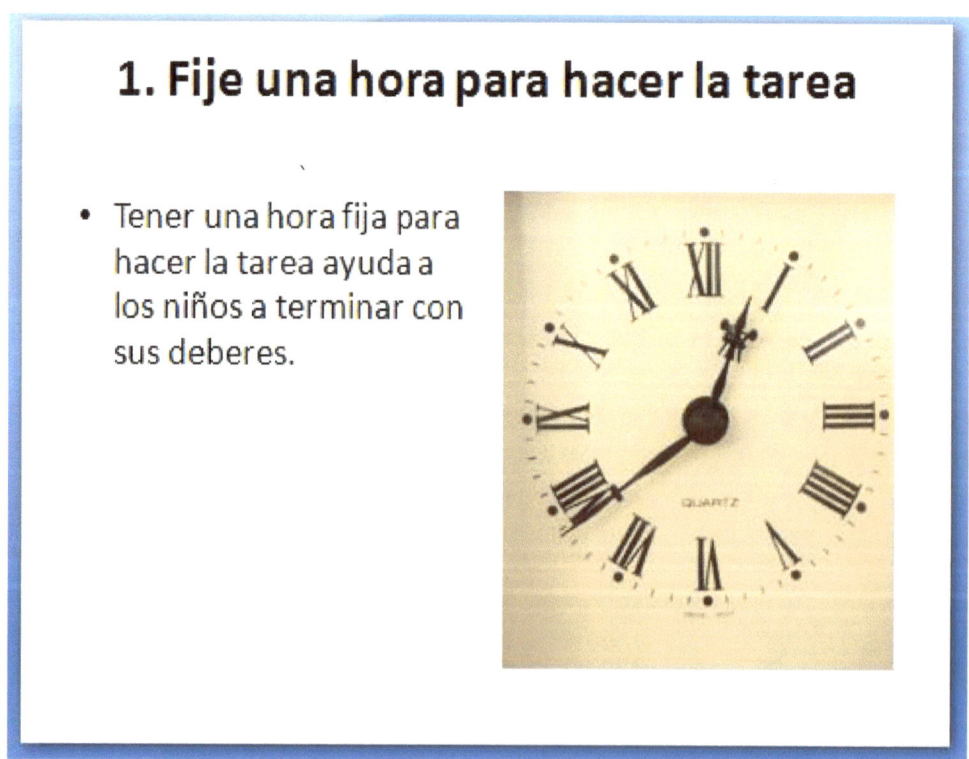

Repita los pasos de **c** a **h** para seguir haciendo las siguientes páginas de su presentación. Puede tener tantas páginas como usted quiera.

i. Click en el botón de **Guardar** (Save) cuando termine su presentación.

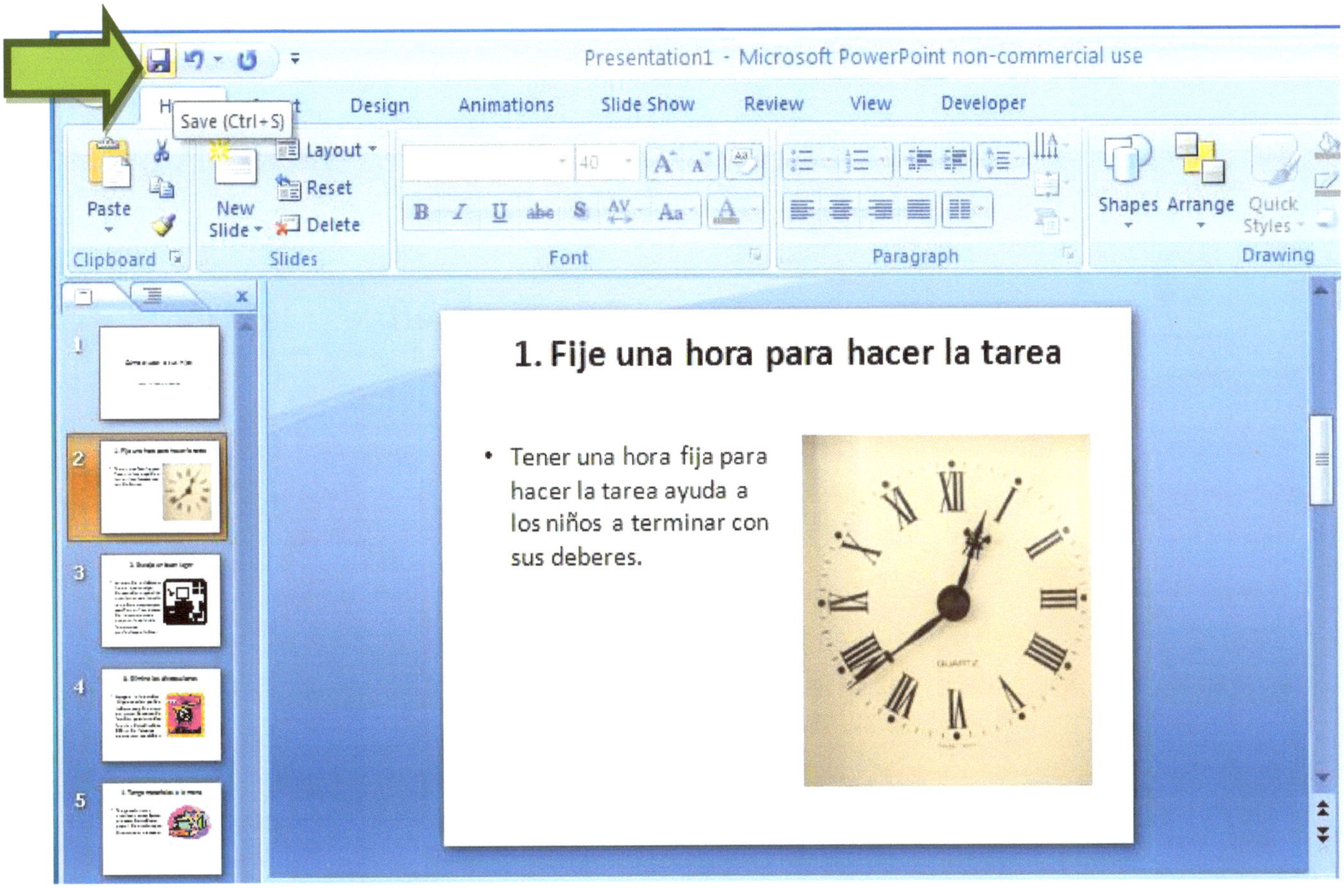

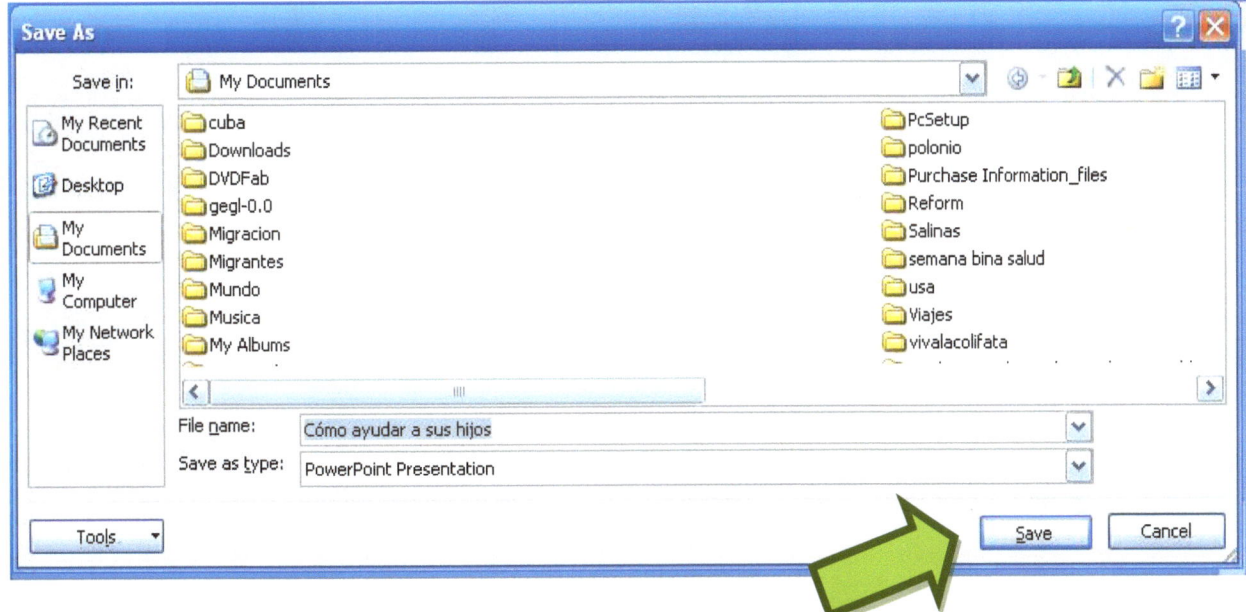

j. Click en **Guardar** (Save).

10.2 VER SU PRESENTACIÓN

a. Click en **Presentación contínua** (Slide show)

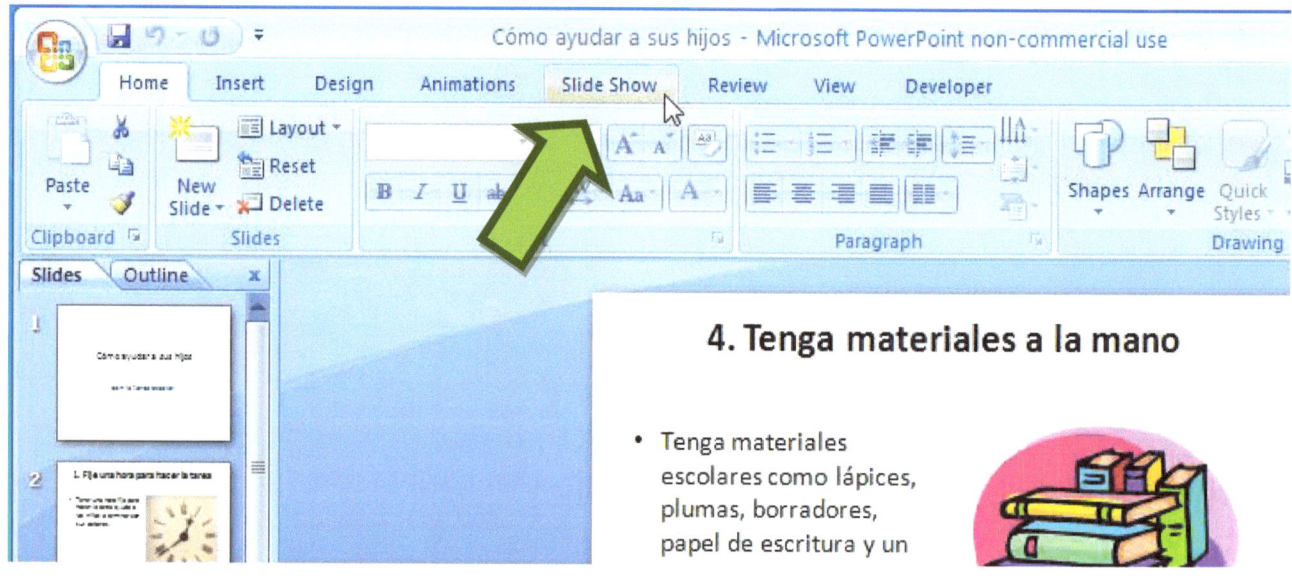

b. Click en **Desde el principio** (From beginning)

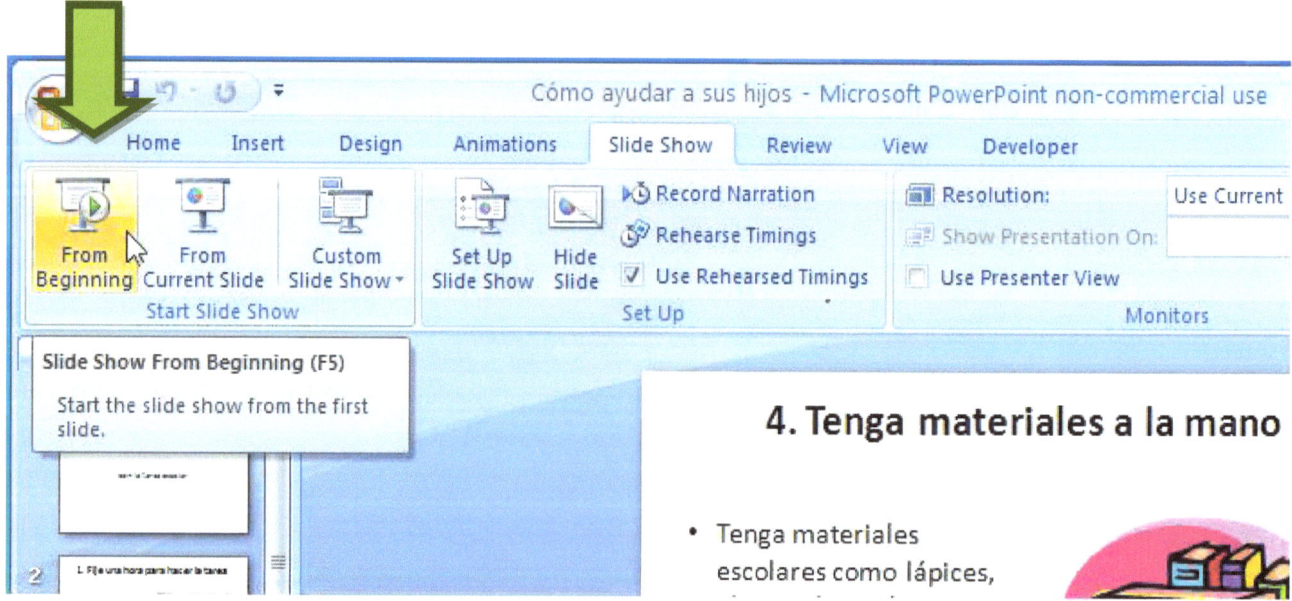

Para que pueda ver su presentación continua desde que abre el archivo, guárdela como PowerPoint Show.

3. Elimine las distracciones

- Apague la televisión.

  Algunos niños pueden
  trabajar muy bien con
  un poco de música de
  fondo, pero los ruidos
  fuertes del radio, de los
  CDs o del televisor
  nunca son aceptables.

11. ALTERNATIVA A MICROSOFT OFFICE

Microsoft Office no viene incluido cuando compra usted una computadora. El paquete de programas se compra por separado.

Hay alternativas al uso de estos programas. Uno de ellas es **OpenOffice** el cual se descarga gratis de Internet. Tiene programas parecidos a los de Microsoft Office y se usan de manera similar.

Esto es todo.

Muchas gracias por venir a la clase.

Esperamos haya aprendido mucho y lo use en su vida cotidiana.

IV. ANEXOS

1. PÁGINAS DE INTERÉS EN INTERNET

Buscadores

Google
www.google.com.mx

Bing
www.bing.com

Yahoo en español
http://mx.yahoo.com

Altavista
www.altavista.com

Enciclopedia

Wikipedia
http://es.wikipedia.org

Diccionario

WordReference
www.wordreference.com

Periódicos

La Jornada, México
www.jornada.unam.mx

El País, España
www.elpais.com

The Salinas Californian, Salinas, Ca.
www.thecalifornian.com

The Monterey County Herald, Monterey, Ca.
www.montereyherald.com

Blogs

School Bytes, Monterey Ca. (en inglés)
http://montereycountyschools.blogspot.com

Padres hacienda la tarea
http://padreshaciendolatarea.blogspot.com

Educación

Del gobierno de USA, como ayudar con la tarea escolar
http://www2.ed.gov/espanol/parents/academic/tareaescolar/index.html

Correo electrónico

Hotmail en español
http://latino.msn.com

GMail
www.google.com.mx

Yahoo
http://espanol.yahoo.com

chat

Messenger
http://explore.live.com/windows-live-messenger

Skype
http://www.skype.com

Messenger Yahoo
http://messenger.yahoo.com/download

Manual de la clase

www.abetteramerican.org

Caracteres en español

Si está usando el teclado en inglés **y quiere escribir caracteres en español, pruebe lo siguiente:**

- Cambie el teclado a "ES" (Español) en la Barra de Tareas.
- Use el teclado numérico.
- Asegúrese que la luz del teclado numérico está encendida (Bloq Num).
- Presione la tecla **Alt** y luego las teclas que se indican según el carácter que quiere escribir.
- Algunos teclados en español tienen sus propios caracteres, solo tiene que presionarlos, por ejemplo: Ñ ñ ¡ ¿.
- Para escribir "a" con acento primero presione la tecla ' (si no pasa nada) escriba "a" (el resultado será "á").

Diacrítico	Resultado	Teclado inglés	Teclado español
A acentuada	Á	Alt+0193	' A
a acentuada	á	Alt+0225 *o* Alt+160	' a
E acentuada	É	Alt+0201	' E
e acentuada	é	Alt+0233 *o* Alt+130	' e
I acentuada	Í	Alt+0205	' I
i acentuada	í	Alt+0237 *o* Alt+161	' i
O acentuada	Ó	Alt+0211	' O
o acentuada	ó	Alt+0243 *o* Alt+162	' o
U acentuada	Ú	Alt+0218	' U
u acentuada	ú	Alt+0250 *o* Alt+163	' u
U diéresis	Ü	Alt+0218	¨ U
u diéresis	ü	Alt+0252 *o* Alt+129	¨ u
N tilde	Ñ	Alt+0209	Ñ
n tilde	ñ	Alt+0241 *o* Alt+164	ñ
Exclamación	¡	Alt+0161 *o* Alt+173	¡
Interrogación	¿	Alt+0191 *o* Alt+168	¿
Comilla sola	'	'	' '

Alt+0193 significa: "Presione sin soltar la tecla **Alt** y luego presione 0, 1, 9, y 3 en el teclado numérico, luego libere la tecla **Alt**".

GLOSARIO

Enlace: Ver Hiperenlace

Hardware: Componentes físicos: CPU y dispositivos periféricos

Hipertexto: Texto que en la pantalla de un dispositivo electrónico conduce a otro texto relacionado.

Hiperenlace: También llamado **enlace**, **vínculo**, o **hipervínculo**, es un elemento de una página de Internet que nos remite a otra página o a una parte de la misma. La Dirección de una página en un documento es un Hiperenlace.

Hipervínculo: Ver Hiperenlace

Programa: Conjunto de instrucciones escritas que hacen funcionar la computadora.

Pixel: Unidad mínima de información gráfica que se puede mostrar en pantalla.

Software: Conjunto de programas para la computadora.

Vínculo: Ver Hiperenlace

Centro Comunitario de Información
P.O. Box 2182
Salinas, California 93902
www.AbetterAmerican.org
info@abetteramerican.org
Derechos reservados, 2011

El Centro Comunitario de Información es miembro de Conexión Comunitaria, un programa del Consorcio de Banda Ancha-Alianza Pública de Computación de la Costa Central.